Anke Schwörer-Haag
Thomas Haag

*Gaedingar*

Anke Schwörer-Haag · Thomas Haag

# GAEDINGAR
## DIE ANDERE REITLEHRE

*Islandpferde besser reiten*

**FRANCKH-KOSMOS**

Mit 24 SW-Fotos von Ueli Heller (S. 15u, 99o), Günther Hess (S. 95), Eirikur Jönsson (S. 15o), Anke Schwörer-Haag (S. 47 (3), 50, 79, 81, 100, 101, 115) und aus dem Archiv Schwörer (S. 7, 11, 12, 13, 16, 41, 74 (2), 77, 99u, 108) sowie 58 Zeichnungen von Elisabeth Germann.

Umschlaggestaltung von Theodor Bayer-Eynck unter Verwendung eines Farbfotos von Andre Welle.

Die Deutsche Bibliothek – CIP-Einheits-aufnahme

**Schwörer-Haag, Anke:**
Gaedingar – die andere Reitlehre : Island-pferde besser reiten /
Anke Schwörer-Haag ; Thomas Haag. –
Stuttgart : Franckh-Kosmos, 1991
    ISBN 3-440-06312-7
NE: Haag, Thomas:

© 1991, Franckh-Kosmos
Verlags-GmbH & Co., Stuttgart
Alle Rechte vorbehalten
ISBN 3-440-06312-7 / L/H : sn/atz
Printed in Germany/Imprimé en Allemagne
Satz: Kittelberger GmbH, Reutlingen
Herstellung: Sellier Druck GmbH, Freising

**Einleitung**   7

**Der Ursprung**   9
Ein Streifzug durch die Geschichte der Islandpferdereiterei mit dem frappierenden Ergebnis: Es gibt einen Weg zum Traumpferd, der vielen Freizeit- und Sportreitern und ihren Pferden gerecht wird, und auf dem auch weniger begabte Zwei- und Vierbeiner die Chance haben, ein »Traumpaar« zu werden.

**Die Grundausbildung des Reiters**   17
*Der Sitz des Reiters*   17
Wie man ohne das Diktat der »korrekten Haltung« zur harmonischen Einwirkung kommt.
*Die Einwirkungsmöglichkeiten*   18
Das Pferd lernt eine fremde Sprache, und es formt mit seiner Bewegung den Reitersitz.
*Der Schenkel*   20
Das losgelassene Pferd nimmt den Schenkel an, aber jede Kraftanstrengung des Schenkels, um das Pferd vorwärts zu treiben, ist Unsinn.
*Das Gewicht*   22
Nur wenn der Reiter den Drehsitz einsetzen kann, nutzt er alle Möglichkeiten, die die Einwirkung mit dem Gewicht ihm bietet.
*Das Kreuz*   24
Kann als Schlüsselposition für das harmonische Miteinander von Reiter und Pferd gelten. Zumal der Reiter auf verspannten, vorwiegend lateral gehenden Pferden sein Kreuz kaum wirkungsvoll einsetzen kann.
*Die Hand*   26
Dieses Kapitel begründet, warum ein alter Zopf in der Reiterausbildung längst abgeschnitten gehört: Das Kommando »Hände ruhig« muß ad acta gelegt werden. Es wurde von den bedeutenden Reitausbildern im übrigen nie so gesagt und gemeint.
*Das Zusammenwirken der Hilfen*   30
Die halbe Parade ist die Basis für ein harmonisches Miteinander von Reiter und Pferd.

Wie viele einfache Lektionen glaubt man als Reiter, sie schon sehr bald richtig einsetzen zu können. Erst im Laufe der Arbeit reift die Erkenntnis, wie viel an feiner Einwirkung es zur halben Parade braucht. Der schwierigste Teil: die zweite Phase, in der sich das Pferd auf das Nachgeben der Reiterhand strecken (und damit in kürzester Zeit lösen) soll. Höhere Stufen der halben Parade sind die ganze Parade und das Rückwärtsrichten.
*Grundlektionen*   35
Der Grundwortschatz für das Gespräch zwischen Reiter und Pferd sind Lektionen wie das Anreiten, das Reiten von Wendungen, das Schenkelweichen, die Vor- und Hinterhandwendung: Warum man sie so und nicht anders reitet und welche Fehler man dabei nicht machen sollte.

**Die Grundausbildung des Pferdes**   40
Von der »Zeit«, die man sich nehmen sollte. Warum die Beziehung zwischen Reiter und Pferd so wichtig ist und welche Rolle das Reitgelände spielt.
*Die Bodenarbeit*   42
Führen - Longieren - Freilaufenlassen - Handpferdreiten: Das kleine Einmaleins, bei dem der Ausbilder mit Geschick und Geduld sich und dem Pferd vieles leichter machen kann und mit dem er die spätere Arbeit immer wieder sinnvoll ergänzen sollte.
*Das Einreiten des jungen Pferdes*   49
Wie man ohne Kampf und Krampf aufs Pferd kommt und wie man dem Pferd den Grundwortschatz der »fremden Sprache« beibringt: die Einwirkung mit dem Schenkel, die Paraden, das Wenden, das Schenkelweichen, die Vor- und Hinterhandwendung, das Rückwärtsrichten.

**Die natürliche Schiefe**   56
Warum das Pferd eine steife und eine weiche Seite hat. Warum man es nicht auf der steifen

Seite »weich« machen darf und warum das harmonische Miteinander mit jedem Aufsitzen aufs Neue »erarbeitet« werden muß.

**Die Haltung des Pferdes 59**
Wo die schöne oder schlechte Haltung eines Pferdes entsteht. Warum man nicht zuerst auf Kopf, Hals und Vorhand, sondern auf Hinterbeine, Rücken und Schulter schauen sollte. Was die Haltung mit dem positiven oder negativen Bewegungsablauf zu tun hat. Und warum es für das Pferd ganz besonders schlimm ist, in eine »dressurmäßige« Haltung gezwungen zu werden.

**Die Gangarten 65**
Dieses Kapitel macht Schluß mit dem alten Glauben an die klar getrennten fünf Gangarten eines Islandpferdes. Es erklärt, warum es für die Ausbildung und den Spaß beim Reiten wichtig ist, die Gangarten als die Fähigkeit des Pferdes zu betrachten, fließend von der lateralen zur diagonalen Bewegungsform zu wechseln. Es erklärt, warum man auf verspannten Pferden nicht bequem sitzen kann und wie man Abhilfe schafft, indem man sich im Spiel mit den Gangarten das natürliche Talent seines Pferdes zunutze macht. Es erläutert außerdem, was der Begriff »am Zügel« wirklich meint und warum eine Manipulation der Bewegung strikt abzulehnen ist.
*Die Ausbildung
der einzelnen Gangarten* **76**
Wie man die verschiedenen Pferdetypen je nach ihrer Gangveranlagung am besten fördert und wie man sich dabei das Reitgelände und die Erkenntnisse aus dem Gangverteilungsschema zunutze machen kann.
*Der Schritt* **76**
Die meisten Islandpferde haben einen guten Schritt. Warum ein schlechter Schritt auch Zeichen dafür sein kann, daß in der Ausbildung Fehler gemacht wurden.

*Der Trab* **78**
Warum Gangpferde, die hauptsächlich im taktklaren Zweitakt Trab gehen, trotzdem steif sind und wie man sie fördert.
*Der Tölt* **80**
Was man mit lockeren Naturtöltern übt, welche Schwierigkeiten in ihrer Ausbildung auftreten können. Wie man den Paßtölter trainiert und zum »reinen Viertakt« bringt. Wie man zum Trab steifen Pferden das Tölten beibringt und zum Paß steife Pferde löst. Wie man sein Pferd in den verschiedenen Tempi tölten lehrt und welche Fehler man dabei nicht machen sollte.
*Der Galopp* **93**
Warum der reine Dreitakt zunächst gar nicht erwünscht ist und wie man den Galopp zum Lösen des Pferdes nutzen kann.
*Der Rennpaß* **98**
Wie man die verschiedenen Rennpassertypen ausbildet und trainiert. Wie man Paßrennen reitet und welche Fehler man beim Legen, Paßreiten und Zurücknehmen nicht machen sollte.

**Turnierreiten 108**
Einige grundsätzliche Anmerkungen zum Turnierreiten – und wie man es in die Ausbildung des Pferdes einbaut.

**Die Ausrüstung 110**
Welche Anforderungen an den Sattel gestellt werden sollten und was von einigen ganz besonderen Spezialsätteln zu halten ist. Welche Gebisse man unbedingt braucht und wann und warum man Pferdebeine und Hufe schützt.

**Register 117**

# Einleitung

*Gaedingur* – das Pferd, das in allen Gängen schön und harmonisch geht. *Gaedingur*, das Damenreitpferd, das angenehm und weich zu sitzen ist und trotzdem elegant und zugleich imponierend aussieht.

Gaedingur, dieses Wort haben die Isländer geprägt für die »Traumpferde«, für die jeder Islandpferdereiter schwärmt,

wenn er sie sieht oder – höchstes Glück der Erde – sogar selbst einmal reiten darf.

Sie sind rar ...

... die »Traumpferde«, die auch einen Laien sofort das Besondere, die außergewöhnliche Leistung erkennen lassen.

Die »Cracks« sind selten, die in stolzer Haltung selbstbewußt und zufrieden höchste Anforderungen spielerisch meistern. Ihre Auftritte sind unvergeßlich, ganz gleich in welcher Disziplin sie aktiv

Der „Gaedingur" schlechthin: Deutscher Meister, Europa- und Weltmeister Bernd Vith auf *Rödull von Ellenbach*. Reiter und Pferd in Harmonie.

sind – sei es das Islandpferd *Rödull*, unter Bernd Vith als Deutscher Meister und Europameister eine Klasse für sich, oder das Springwunder *Milton*, wenn es scheinbar von selbst schwierigste Parcours bewältigt.

Sie sind – leider – an einer Hand abzuzählen, die vierbeinigen »Tänzer«, die die Bewegung durch den ganzen Körper schwingen lassen, die so leicht und fein den Gang oder das Tempo wechseln, daß das Zusehen wie das Reiten eine wahre Freude ist.

Viel zu häufig sehen wir...

...spektakuläre Pferde, die im Rücken so fest sind, daß der Reiter gezwungen ist, der Bewegung auszuweichen. Auf Turnieren oder Schauen werden »aufgeheizte« Pferde präsentiert, die sich auf den Zügel legen, Pferde, die vom Gangwerk zwar alle Möglichkeiten hätten, sich aber gespannt, grob und eckig bewegen.

An der Tagesordnung sind Pferde, deren Mienenspiel Unzufriedenheit oder Streß ausdrückt, die mit rollenden Augen und angelegten Ohren deutlich machen, daß die Arbeit ihnen keinen Spaß macht. Sie sind weit entfernt vom *Gaedingur*, die Pferde, die gezwungen sind, die gegen den Reiter kämpfen müssen, denen man ansieht, daß sie froh sind, wenn Gangart oder Tempo sich ändern, wenn das Reiten beendet ist.

Doch man sieht sie nicht nur auf Turnieren; auch auf Wanderritten oder ähnlichen Freizeitvergnügen lassen sich leider viele Reiter beobachten, die tage- und stundenlang mit ihren Pferden »kämpfen«. Anstatt sich in entspannter Gemeinsamkeit an der Geselligkeit, der Natur, herrlichen Wegen und eventuell schönem Wetter freuen zu können, sind die beiden Partner, Reiter und Pferd, so uneins, daß die Tour für beide ein Streß ist.

Dieses Buch soll all jenen Reitern Denkanstöße geben, und es soll Diskussionsgrundlage sein für diejenigen, die mit uns glauben, daß das alles nicht so sein muß.

Wir wollen einleitend die These aufstellen, daß jedes Pferd ein Stück weit »Traumpferd« sein kann – *Gaedingur* oder wie auch immer die verschiedenen Reitervölker ihr Ideal benannt haben. Wir sind überzeugt davon, daß jedes Pferd mit der entsprechenden Ausbildung losgelassen und für den Reiter angenehm gehen kann.

Den richtigen »Traumpferden« gelingt das schneller – quasi von selbst – weil sie von Natur aus alle Voraussetzungen mitbringen. Die anderen brauchen länger, weil naturgegebene Mängel ausgeglichen werden müssen. Je weniger Veranlagung ein Pferd hat, das ist unsere Erfahrung, desto mehr müssen Temperament und Charakter stimmen, desto größer muß die Bereitschaft zur Mitarbeit sein, um die gleiche Leistung zu erbringen wie ein begabter Artgenosse.

Wir sind der Meinung, daß jeder Reiter – wenn er sich ehrlich bemüht – mit seinem Pferd zum »Traumpaar« zusammenwachsen kann. Beide werden dann das »höchste Glück der Erde« erleben können, gleich welches Abenteuer sie sich vorgenommen haben: einen gemütlichen Ausritt, einen urigen Wanderritt, ein geselliges Hausturnier oder einen großen und bedeutenden Wettkampf.

Es wird sich auch in den kommenden Jahren viel tun im Islandpferdereiten – bei den Freizeit- und bei den Sportreitern –, weil die Sache noch jung ist. Aber alle reiterlichen Entwicklungen sind nur dann richtig, wenn sie das »Traumpferd« zum Ziel haben. Der Weg zu diesem Ziel kann schneller, besser, pferdegerechter werden, das Ziel selbst aber muß der *Gaedingur* bleiben.

# Der Ursprung: Gebrauchsreiterei

Reiten, das war in seinen Anfängen einmal einfach nur Mittel zu einem bestimmten Zweck: Um schneller von einem Ort zum anderen zu kommen, mußte jeder Reisende ein Reittier – sei es Pferd, Esel oder andere – benutzen. In unwegsamen Gegenden war dies noch bis ins 20. Jahrhundert notwendig – auch in Island. »Gepflegt« wurde dort wie überall eine Art Gebrauchsreiterei. Der Sitz war ein Kompromiß aus den vielen Anforderungen, die der Reiter an sein Pferd stellte. Er diente aber sicher nur in ganz seltenen Fällen dazu, irgendwelche Gangarten aus dem Pferd herauszureiten oder Dressurlektionen mit ihm zu trainieren.

*Der Sitz: Stolz und bequem*
Die Reiter saßen in Island mit aufrechtem, eher stolz zurückgeneigtem Oberkörper bequem im Sattel, stemmten sich mit dem Bein nach vorne im Bügel ab und hielten die Hand relativ hoch. Als Zäumung diente die isländische Kandare, meist mit durchhängendem, dickem Zügel. Das hohe Eigengewicht des federnden Kandarenbaums und dieses dicken Zügels animierte die Pferde, sich besser zu tragen und sorgte so für schöne Bilder.

Die Isländer verwendeten einen Sattel mit kurzen Blättern, weil das Bein nicht am Pferd angelegt war. Sie ritten meist mit Schweifriemen, zum einen, weil die-

ser im unwegsamen Gelände den Sattel fixieren half. Zum anderen aber auch deshalb, weil die Pferde noch nicht im Reitpferdetyp gezüchtet waren und der Widerrist oft extrem schlecht war.

Von den Pferden wurden nicht gezielte Gänge verlangt. Der Reiter suchte sich vielmehr ein Pferd aus, das von selbst lief, und ließ es über lange Strecken in dem Gang gehen, den es gerade anbot. Deshalb waren Pferde mit weichen, geschmeidigen Gängen geschätzt und gefragt - harte, unbequeme Pferde wurden nach Möglichkeit gemieden. Die isländi-

Die isländischen Bauern saßen eher aufrecht, stolz und bequem im Sattel. Sie suchten für sich selbst und für ihre Familienmitglieder die angenehmsten Reitpferde aus.

schen Bauern brauchten ihre Pferde zur Arbeit und hatten selten Interesse, die untalentierten speziell auszubilden. Solange das Reiten hauptsächlich Mittel zum Zweck war, solange zu Pferd also in erster Linie weite Wege über unwegsames Gelände zurückgelegt wurden, entwickelte sich ein Reitstil, der diesen Gegebenheiten am ehesten entsprach.

# Beginn der Stilsuche

Mitte des 20. Jahrhunderts änderte sich das – Reiten diente nicht mehr nur der Fortbewegung. Es wurde zum Selbstzweck. In Island begann vermehrt die Reitpferdezucht und mit ihr der Export. Die Europäer auf dem Kontinent lernten Tölt und Rennpaß kennen, die Isländer wurden mit Ansichten aus der Dressur- und Springreiterei konfrontiert. Das führte zum gegenseitigen Einfluß der Reitstile. So probierten die isländischen Reiter erstmals das Leichttraben. Das hatten sie bisher nicht nötig gehabt. Weil ihre Pferde keine so starke Rückentätigkeit haben wie der größere Warmblüter, weil der Reiter auf dem trabenden Islandpferd kaum geworfen wird, war es in Island bis dahin unbekannt.

Für die Reiter auf dem europäischen Kontinent waren die Gangarten Tölt und Rennpaß etwas völlig Neues. Deshalb guckte man sich zunächst Teile des Reitstils aus Island ab und kombinierte sie mehr oder weniger erfolgreich mit der konventionellen Reitweise der Heimat.

Landsmot-Töltsieger 1978: *Hlynur fra Akureyri* mit Eyjolfur Isolfson.

Dafür betraten die Reiter auf dem Kontinent mit den Gangarten Tölt und Paß völliges Neuland. Niemand wußte, wie diese Gänge geritten werden sollten. Die Reiter guckten sich deshalb Teile des Reitstils aus dem Ursprungsland der Rasse ab und kombinierten sie mehr oder weniger erfolgreich mit der konventionellen Reitweise ihrer Heimat.

Die Ansprüche stiegen. Nachdem sie hinter das »Geheimnis« von Tölt und Paß gekommen waren, entwickelten Freizeitreiter, Turnierreiter und Ausbilder Methoden, wie diese Gangarten am besten geritten und gefördert würden. Die Suche nach dem geeigneten Reitstil hielt an.

*Andere Einflüsse*

Anfang der 70er Jahre kamen einige Islandpferdereiter dabei mit amerikanischen Gangpferdetrainern in Kontakt. Nach dem Vorbild dieser Ausbilder begannen sie, die Bewegung ihrer Pferde mit Gewichten an den Beinen zu beeinflussen. Diese Versuche hatten ihren Höhepunkt auf der Europameisterschaft in Uddel 1979, auf der einzelne Pferde zwischen den Prüfungen mehrfach umbeschlagen wurden. Nicht zuletzt aus tierschützerischen Gründen wurden Ge-

Auch das ein Paar, das jahrelang unangefochten die Szene beherrschte: Christiane Matthiesen mit *Gammur fra Hofstödum.*

wichtsmanipulationen anschließend radikal verboten, ebenso wie das Umbeschlagen während eines Turniers.

Auf der Suche nach einer gangbaren Methode zur Ausbildung versuchten andere Reiter, das Islandpferd nach Grundsätzen der »klassischen« Reiterei zu fördern. Sie scheiterten ebenfalls. Weil sie die Absichten der »Klassiker« falsch verstanden, beschränkten sie sich nämlich darauf, mit ihrem Pferd »im Sandkasten« Lektionen zu büffeln, und sie erzwangen mit Ausbindern oder ähnlichen Hilfsmitteln eine »dressurmäßige« Haltung. Weil diese Haltung aber nicht Ergebnis der gymnastischen Durchbildung des ganzen Körpers war, weil Tölt und Paß nicht logisch in die Überlegungen miteinbezogen wurden, weil der Denkansatz der klassischen Reiterei nicht weit genug bis zu seinen Grundsätzen (die da lauten: Die natürliche Bewegung des Pferdes fördern und nichts zu verlangen, was in der Natur nicht vorkommt) zurückverfolgt wurde, sahen diese Pferde zwar dann in den Gangarten Schritt, Trab und Galopp ganz gut aus, im Tölt und Paß aber waren die Leistungen schlecht.

Das Ergebnis dieser Experimente mit dem Reitstil war häufig frustrierend. In vielen Fällen war das Geritten-Werden für die Pferde hart. Daß sie trotzdem mitarbeiteten, zeugt für die hohe Leistungsbereitschaft und das reiterfreundliche Verhalten der Rasse.

Aber es gab Lichtblicke. Es gab Pferde, die auch den kritischsten Zuschauer ins Schwärmen geraten lassen konnten. Pferde, die wie *Hlynur fra Akureyri* (Landsmotsieger im Tölt 1978), *Gammur fra Höfstödum* (mehrfacher Europameister im Töltpreis), *Muni fra Kettilstödum* (Landsmot-Sieger 1990 mit der Note 10 für Tölt), *Briann fra Holum* (Weltmeister im Tölt 1987 in Weißtrach), *Rödull von Ellenbach* (Deutscher und Weltmeister im Töltpreis 1989) oder *Gilfi vom Ponsheimer Hof* bewiesen, daß auch ein gelöst gehender Tölter seinen Reiter in jedem Moment sitzen läßt. Sie bestärkten uns in der Überzeugung, daß nicht nur bequeme Ausritte und »brave« Vorstellungen, sondern auch Spitzenleistungen in völliger Harmonie zwischen Reiter und Pferd möglich sind. Daß diese Pferde auf vielen Turnieren unumstrittene Sieger waren, ist in unseren Augen außerdem der Beweis dafür, daß diese Harmonie letztlich jeden Richter und Zuschauer überzeugen und begeistern kann.

Es mußte also Wege geben zu diesem Ziel. Denn gleich welchen Reiter wir auf den harmonisch und gelöst gehenden Pferden beobachteten, sie saßen alle entspannt, »tief« im Rücken und ließen sich von der Bewegung voll mitnehmen. Ihre harmonische und feine Einwirkung hätte für manches Lehrbuch herhalten können. Je weiter wir dem Phänomen auf den Grund gingen, desto mehr kamen wir zu der Ansicht: Es hat keinen Sinn, verschiedene Reitstile zu mischen oder sie ihrem Zweck zu entfremden.

Wer sich für die isländische Art zu reiten entscheidet, muß denken lernen wie die Isländer. Dort ist es nämlich verpönt, in ein untalentiertes Pferd viel Arbeit zu investieren. Dort haben die Reiter aufgrund jahrelanger hervorragender Zucht so viel Auswahl, daß sie sich nur mit dem allerbesten Pferdematerial abgeben müssen (dürfen). Dort haben die Reiter Platz genug, um das immense Temperament und den großen Leistungswillen ihrer Pferde in die Ausbildung einzubauen. Dort kann die Harmonie gefunden werden, wenn die Reiter ihre Pferde entsprechend ihren Fähigkei-

Rechts oben: „Ganz" Island jubelte, als Sigurbjörn (Didi) Bardasson mit *Briann fra Holum* Weltmeister im Tölt wurde. Didi sprach später vom „Reiten als Tanz zwischen zwei Freunden."

Rechts unten: Souverän, erfolgreich, geschickt und mit ganz viel Gefühl stellt Reynir Adalsteinsson seit Jahrzehnten Islandpferde vor. Er ist bislang auf beinahe jeder Europameisterschaft und unzähligen großen, bedeutsamen Turnieren mitgeritten – fast immer war er in den Siegerlisten zu finden: Hier mit *Sproti fra Torfastödum,* den er 1983 auf der EM in Roderath auf Platz drei im Fünfgang, Platz zwei im Paßrennen (22,0 sec) sowie Platz zwei in der Paßprüfung ritt.

ten laufen lassen und mit viel Gefühl auf die Eigenarten der verschiedenen Charaktere eingehen.

Wer den amerikanischen Showstil bevorzugt, wer mit Gewichten und anderen Hilfsmitteln zum Ziel kommen will, muß sich das Ergebnis dieser Trainingsform ehrlich vor Augen führen. Er muß dazu stehen, daß diesen Pferden letztlich Schwitzgamaschen angelegt und die Schweifrüben operiert werden müssen, um aus den degradierten Kreaturen scheinbar selbstbewußte Tiere mit feinem Genick und stolz getragenem Schweif zu machen.

Wir sind der Meinung, daß es einen anderen Weg gibt. Wir wollen in diesem Buch Denkanstöße geben für einen Stil, der so vielen Reitern und Pferden wie möglich gerecht wird. Wir wollen einen Weg aufzeigen, auf dem vielleicht auch weniger begabte Vier- wie Zweibeiner eine Chance haben, »Traumpaar« zu werden. Das Ergebnis soll sein, was Sigurbjörn Bardasson nach seinem Weltmeistertitel mit *Briann fra Holum* schrieb: »Reiten als Tanz zwischen zwei Freunden.« Ob unsere Denkanstöße der Sache bereits weit genug auf den Grund kommen, wird sich weisen. Sie werden aber

Maximale Bewegung, und trotzdem ist ein entspannter Sitz möglich: Andrea Jänisch mit *Gilfi vom Ponsheimer Hof.*

hoffentlich jeden Reiter, gleich an welchem Punkt seiner Ausbildung er steht, zum Nachdenken oder Diskutieren anregen können. Wenn es gelungen ist, wird der Reiter das Buch vielleicht sogar mehrmals lesen und dabei immer wieder Argumente entdecken, die ihm zunächst unwichtig schienen. Wir glauben, daß es sich lohnt, dieses System zu Ende zu denken.

# Die Grundausbildung des Reiters

## Der Sitz des Reiters

Immer wieder wird in Reitlehren und im Unterricht der sogenannte »korrekte Sitz« ausführlich beschrieben. Mit Lot, Zentimetermaß und Zollstock werden »Ideallinien« gezogen, meß- und bewertbare Kriterien festgeschrieben. Wir halten das für falsch. Zwar haben - wenn es später einmal um die Einwirkung geht - bestimmte Sitzpositionen ihre Berechtigung, weil sie ein feinfühliges, direktes und harmonisches Hilfengeben zulassen. Am Beginn der Reiterausbildung aber darf die Forderung nach dem »korrekten Sitz« nicht stehen. Denn wird der Anfänger in ein starres Schema gepreßt, führt das zu Verspannungen und Steifheiten - niemals aber zum guten und harmonischen »Gespräch« mit dem Pferd.

Erstes Ziel der Reiterausbildung ist deshalb der geschmeidige, ausbalancierte Sitz auf beiden Gesäßknochen und dem Gesäßspalt - der sogenannte Vollsitz. Doch bis der Reiter in allen Situationen gelöst sitzen kann, ist es oft ein weiter Weg.

Das ganze Bestreben des Anfängers gilt zunächst dem Oben-Bleiben. Bis er ein Gefühl für die Balance in allen Gangarten und Tempi entwickelt hat, wird der Reiter deshalb immer versucht sein, sich festzuhalten - mit den Oberschenkeln, mit den Knien, mit der Wade, mit den Händen... Dieses Festhalten führt zu Verspannungen. Es ist also erste Aufgabe des Reitlehrers, solche Verkrampfungen gezielt abzubauen, die Losgelassenheit des Reiters zu fördern.

## Der Reiter lernt sitzen

Am besten gelingt das an der Longe auf einem erfahrenen, gut ausgebildeten Pferd, das sich von den ungeschickten Bewegungen des Reitschülers nicht aus der Ruhe und aus dem Takt bringen läßt. Nur auf sich selbst konzentriert kann der Reiter dann durch gezielte Übungen Losgelassenheit erreichen: Armekreisen, Atmen, Sich-Tragen-Lassen ohne Bügel, Gymnastik in lockerer Atmosphäre sind dabei hilfreich.

Im Gespräch mit dem Reitlehrer wird der Schüler erfahren, was er fühlen soll – und er kann sich seinen Ausbildungsstand bewußt vor Augen führen, indem er immer wieder erzählt, was er spürt.

Will der Reitlehrer den Anfänger in die Sitzposition bringen, aus der dieser am besten einwirken kann, wird er ihn immer wieder Möglichkeiten der Hilfengebung üben lassen und ihn auf das positive oder negative Gefühlserlebnis hinweisen. Losgelassenheit und Balancegefühl des Reiters werden in dem Maß wachsen, in dem es ihm gelingt, sich von den Bewegungen seines Pferdes mitnehmen zu lassen. Reiten im Gelände oder Springgymnastik fördern die Entspannung ebenso wie das Training an der Longe. In jeder Stufe seiner Ausbildung sollte der Reiter deshalb auf diese Übungen zurückgreifen, um Verkrampfungen vorzubeugen oder sie – gegebenenfalls – wieder auszumerzen.

# Die Einwirkungsmöglichkeiten

Die »sprachlichen« Mittel, die dem Reiter zur Zusammenarbeit mit seinem Pferd zur Verfügung stehen, bezeichnet man als »Einwirkungen«. In der Anwendung addieren sich mehrere »Einwirkungen« zu den sogenannten »Hilfen«. Die Kunst des Reitens besteht letztlich darin, die richtige Hilfe in der angemessenen Dosierung zum richtigen Zeitpunkt einzusetzen (Reitertakt). Im übertragenen Sinne läßt sich die Ausbildung eines Pferdes – das sich mit den Artgenossen in seiner »Muttersprache« unterhält –

vergleichen mit dem Lernen einer fremden Sprache. Das Tier muß lernen, Befehle, Körpersprache und Einwirkungen des Reiters zu beobachten und zu deuten. Der Reiter selbst muß in seiner Ausbildung das logisch aufgebaute und allgemein anerkannte Sprachsystem der Hilfengebung erlernen, um sich mit jedem danach ausgebildeten Pferd »unterhalten« zu können.

Weil alle Bewegung aus der Hinterhand kommt, ist dieses System von hinten nach vorne aufgebaut. Die »Einwir-

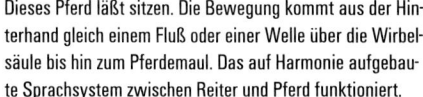

Dieses Pferd läßt sitzen. Die Bewegung kommt aus der Hinterhand gleich einem Fluß oder einer Welle über die Wirbelsäule bis hin zum Pferdemaul. Das auf Harmonie aufgebaute Sprachsystem zwischen Reiter und Pferd funktioniert.

Ganz anders dagegen, wenn das Pferd verspannt ist: Es läßt die Bewegung im Rücken nicht durch, die Schulter des Pferdes bleibt tief. Der Reiter kann kaum sitzen; vor dem Sattel spürt er ein „Loch". Das Pferd geht nicht bergauf.

kung« mit dem Schenkel erzeugt die Bewegung aus der Hinterhand, die »Einwirkungen« mit Gewicht und Kreuz bringen die Bewegung gleich einem Fluß oder einer Welle über die Wirbelsäule des Pferdes bis hin zum Pferdemaul, wo die Einwirkung mit der Hand die Welle auffängt und diese dann zurückschwingen läßt.

*Der gegenseitige Einfluß*
Diesen nach dem Bild einer Welle aufgebauten Bewegungsablauf kann der Reiter positiv oder negativ beeinflussen: Je geschmeidiger er sitzt, je harmonischer er einwirkt, desto besser kann das gelöste Pferd die Wellenbewegung durchlassen - weil der Reiter ja in der Mitte der Wirbelsäule des Pferdes sitzt. Der Reiter

kann noch feiner einwirken, das Pferd noch besser gehen...

Plumpst der verspannte Reiter seinem Pferd in den Rücken, so unterbricht er die Wellenbewegung. Das Pferd verspannt sich, der Reiter kann noch weniger sitzen. Er plumpst noch mehr, die Hand wird steif und fest, das Pferd ebenfalls. Es geht immer schlechter und noch schlechter...

Das läßt sich als Phänomen gegenseitigen Einflusses formulieren: Die Bewegungen des Pferdes formen den Reitersitz (siehe »Neues zum Thema Kreuzeinwirkung« im Kapitel Gangarten), und der Sitz des Reiters formt andererseits wieder das Pferd.

Doch nun zu den Einwirkungsmöglichkeiten, über die der Reiter verfügt:

# Der Schenkel

Redet der Reiter vom »Schenkel«, so ist die Einwirkung mit dem Unterschenkel gemeint. Zu Beginn der Ausbildung legt er daher nur zwanglos die Wade an den Bauch des Pferdes an. Ein gezieltes Treiben ist jetzt noch beinahe unmöglich und auch später sehr schwierig und nur in wenigen Situationen erfolgreich. Deshalb hält der Reiter mit dem Schenkel nur Fühlung. Je mehr sich das Pferd löst, um so deutlicher gibt der gleichmäßig schwingende Körper einen Rechts-Links-Rhythmus für den harmonisch treibenden Schenkel vor. Mit ihm kann der Reiter dann jeweils das gleichseitige Hinterbein zum weiteren Vorschwingen animieren. Jede Kraftanstrengung des Schenkels, um das Pferd vorwärts zu treiben, ist Unsinn.

Je besser ein Pferd ausgebildet ist, desto einfühliger nimmt es die Einwirkung mit dem Schenkel an. Grundsätzlich aber sollte sich der Reiter niemals verleiten lassen, ein stumpfes Pferd mit extrem klopfenden oder gar schlagenden Schenkeln vorwärtstreiben zu wollen. Die Stimme, eine sinnvoll eingesetzte Gerte oder ein Führpferd leisten hier wesentlich bessere Dienste.

### Position und Funktion des Schenkels

Es lassen sich vier verschiedene Kombinationen aus Funktion und Position des Reiterschenkels bilden: Der vorwärtstreibende Schenkel am Gurt regt das gleichseitige Hinterbein zum weiteren Vorschwingen an, der verwahrende Schenkel eine Handbreit hinter dem Gurt verhindert das Ausbrechen des Hinterbeines zum Beispiel in der Volte, der seitwärtstreibende Schenkel am Gurt für Vorhandwendung oder Schen-

Der Reiterschenkel am Gurt (links) regt das gleichseitige Hinterbein zum weiteren Vorschwingen an oder treibt das Pferd seitwärts. Der Reiterschenkel eine Handbreit hinter dem Gurt (rechts) wirkt verwahrend, das heißt, er verhindert ein „Ausbrechen" des gleichseitigen Hinterbeins zum Beispiel in der Volte oder wirkt seitwärtstreibend zum Beispiel bei der Hinterhandwendung.

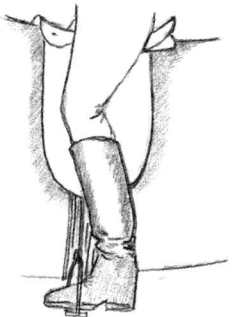
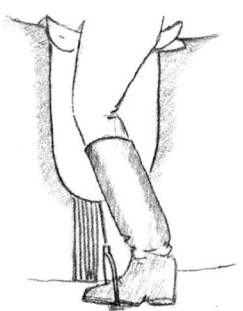

kelweichen, der seitwärtstreibende Schenkel hinter dem Gurt für Hinterhandwendung oder Traversale.

Wie sehr die »Einwirkungen« für das Zusammenspiel zur »Hilfe« voneinander abhängen, soll dabei an folgendem Beispiel deutlich werden: Wird die Einwirkung des Reiterschenkels aus dem harmonischen Konzept der Hilfengebung herausgelöst, ist es für das Pferd völlig unwichtig, ob der Impuls des seitwärts- oder vorwärtstreibenden Schenkels nun direkt am Sattelgurt einwirkt oder eine Handbreit dahinter. Entscheidend ist die Lage des Schenkels dann, wenn sie im Zusammenhang mit der Gewichtshilfe (siehe unten) gesehen wird. Nur der richtig plazierte Schenkel ermöglicht dem Reiter den korrekten Drehsitz. Nur der richtig plazierte Schenkel sorgt dafür, daß der Reiter sich mit dem Gewicht nicht selbst die ganze treibende Wirkung wieder zerstört.

Ist das Pferd verspannt (gestrichelte Linie), fühlt es sich an, als halte es die Luft an: Die Muskulatur ist fest, der Pferdekörper füllt den Reiter nicht aus, er kommt mit den Beinen nicht ans Pferd und kann nicht treiben.
Das entspannte Pferd schwingt im Rumpf mit (ausgezogene Linie) und macht dem Reiter die Schenkeleinwirkung leicht, gibt ihm sogar den Rhythmus vor.

*Was der Reiter fühlt*

Bis das Pferd sich losgelassen bewegen kann, erscheint es dem aufmerksamen Betrachter oder dem gefühlvollen Reiter oft so, als halte es die Luft an. Es reagiert aufgrund von Verspannungen entweder zäh und träge, oder es läuft dem Reiter weg. Das Pferd füllt, wie dieses Gefühl auch beschrieben wird, den Reiter nicht aus, er kommt mit seinen Schenkeln nicht an die Flanken dran. Islandpferdereiter kennen in diesem Zusammenhang noch ein weiteres »unangenehmes« Gefühl: Wenn das Pferd paßartigen Tölt geht, können sie ihre nach vorne rutschenden Beine kaum ruhighalten, weil die laterale Bewegung der Rückenmuskulatur ihres Pferdes sie nicht zum Sitzen kommen läßt.

Drückt der Reiter im anderen Extrem die Beine zu stark an den Pferdeleib, klammert sich also mit den Beinen fest, so gibt er damit zwangsläufig Kreuz- und Gewichtseinwirkung auf. Denn als Folge des verspannten Zusammendrük-

Geht das Pferd paßartigen Tölt, muß der Reiter von der Bewegung wegsitzen. Die Beine rutschen ihm nach vorne, er kann sie kaum ruhighalten. Zu sehen ist oft ein rhythmisches Schlenkern in den Fußgelenken, um die Bewegung aufzufangen (oben). Die laterale Bewegung des Pferdes setzt den Reiter ständig hin und her. Eine Kreuzeinwirkung ist unserer Ansicht nach nicht möglich (siehe Seite 67).

kens der Unterschenkel hebt es die Gesäßknochen aus dem Sattel.

Unsinn ist es außerdem, wenn große Reiter auf extrem kleinen, tonnenförmigen Pferden die Beine nach oben ziehen, denn dadurch wird der ganze Sitz steif. Besitzer solcher Pferde sollten, was sich ohnehin für alle Reiter empfehlen würde, einen Sattel besorgen, der in der Sitzfläche schmal ist und die Beine nicht schon an den Oberschenkeln weit auseinanderzieht.

## Das Gewicht

Zwei Drittel des Reitergewichtes »ruhen« auf Gesäßknochen und Gesäßspalt, das verbleibende Drittel ist zu beiden Seiten des Pferdes auf Oberschenkel und Steigbügel verteilt. Verglichen mit den Möglichkeiten von Schenkeln, Kreuz und Händen sind die Einwirkungsvarianten mit dem Gewicht relativ gering, auch weil der Reiter verhältnismäßig wenig Bewegungsspielraum hat, sein Gewicht also nur wenig vor-, rück- oder seitwärts verschieben kann.

Um beiden Partnern – dem Zwei- und dem Vierbeiner – ein harmonisches Miteinander möglich zu machen, müssen die Schwerpunkte beider Körper in jeder Situation so übereinander liegen, daß sie durch die Schwerlinie verbunden sind. Ist das nicht gewährleistet, ist das Pferd gezwungen, das gemeinsame Gleichgewicht zu halten – dabei verspannt es sich.

*Der Drehsitz – Sitz in der Wendung*
Will der Reiter die Grundlage für ein gelöstes Arbeiten legen, muß er also den Sattel genau über dem Schwerpunkt des Pferdes plazieren. Außerdem muß er im Vollsitz, im Entlastungssitz wie auch im

leichten Sitz den Prinzipien des sogenannten »Drehsitzes« gehorchen. Dieser
fordert, daß die Schultern des Reiters parallel sind zu den Schultern des Pferdes
und die Hüfte des Reiters parallel ist zur
Hüfte des Pferdes, auch in Biegungen
und Wendungen. Auf diese Weise bleibt
das Reitergewicht auch in einer Wendung immer »innen«. Im hohen Tempo
zum Beispiel wird es nicht, wie es die
Zentrifugalkraft eigentlich bewirken
würde, nach außen gesetzt – was das
Pferd dann ausgleichen müßte und wobei es sich verspannen muß. Der Drehsitz verhindert ein Einknicken in der
Hüfte und somit eine falsche Gewichts-
verlagerung.

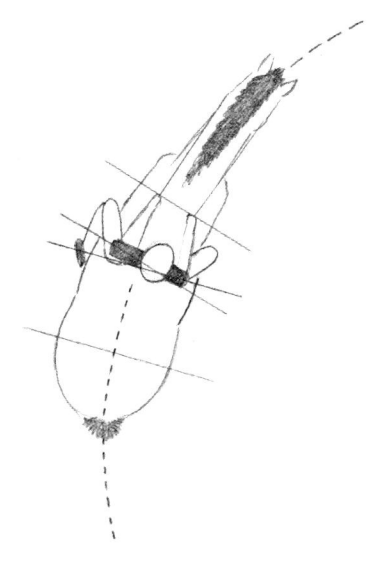

Der Drehsitz: Er ermöglicht dem Reiter zu jeder Zeit die richtige Gewichts- und Kreuzeinwirkung. Vereinfacht läßt er
sich so beschreiben: Die Schultern von Reiter und Pferd
sind immer parallel, ebenso wie die Hüften von Reiter und
Pferd. In der Wendung muß der Reiter dafür den inneren
Gesäßknochen vermehrt belasten. Er treibt dabei das Pferd
mit dem inneren Schenkel am Gurt und nimmt den äußeren
Schenkel verwahrend eine Handbreit hinter den Gurt (dabei wird automatisch der äußere Gesäßknochen leicht entlastet). Indem er sein Pferd quasi am inneren Zügel in die
Wendung hineinführt und außen verwahrend die Biegung
begrenzt, nimmt der Reiter die innere Schulter zurück und
die äußere mit nach vorne.

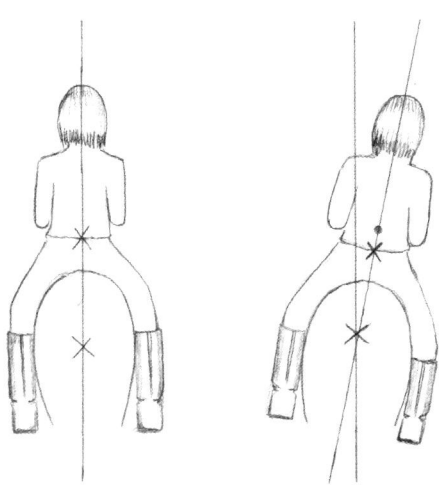

Der Reiter kann dann mit dem Gewicht richtig einwirken,
wenn sowohl im Geradeausreiten wie in der Wendung die
Schwerpunkte (×) von Reiter und Pferd auf der Schwerlinie liegen.

Für den Drehsitz muß der Reiter deshalb in einer Wendung die innere Hüfte
vorschieben, die innere Schulter aber zurücknehmen, Schulter und Hüfte quasi
gegeneinander drehen. Diese Drehbewe-
gung bringt gleichzeitig Schenkel und
Hände in die günstigste Position, damit
diese exakt einwirken können: Die äuße-

re Hüfte nimmt den Schenkel mit zurück, der äußere Gesäßknochen wird entlastet; die äußere Schulter bringt die äußere Hand mit nach vorne.

*Was der Reiter fühlt*
Das Gefühl für den richtigen Drehsitz kann der Reiter zunächst im Stand und später im Schritt üben. Indem er sich abwechselnd so hinsetzt, daß einmal die rechte und einmal die linke Seite innen ist, wird er sich des Unterschieds zwischen belastendem (innen) und entlastendem (außen) Gesäßknochen deutlich bewußt. In der Bewegung kann er sich dann das Gefühl einprägen, wenn er die vorgeschobene innere Hüfte und den belasteten Gesäßknochen mehr im Rhythmus nach vorne schiebt.

## Das Kreuz

Der Reiter kann sein »Gewicht« vom Pferd spazierentragen lassen und mit der Anwendung des Drehsitzes und einer gelösten Haltung den Fluß der Bewegung von hinten nach vorne so wenig wie möglich behindern. Er kann den Bewegungsfluß aber auch unterstützen, seinem Pferd das schönere Gehen erleichtern: mit der Kreuzeinwirkung.

Grundlagen der Kreuzeinwirkung sind ein aufrechtes Becken, ein zwanglos an den Pferdekörper angelegter Schenkel und eine entspannte Schulterhaltung. Für die Kreuzeinwirkung verstärkt der Reiter die Bewegung des locker im Rhythmus des Pferdes nach vorne schwingenden Beckens nun ganz bewußt, als wolle er die Gesäßknochen fest auf dem Sattel nach vorne drücken. Die am Pferd angelegten Schenkel geben dabei den Halt.

Das Verständnis für die Kreuzeinwirkung ist eine sehr schwierige Angelegenheit, da der Effekt des Bemühens oft nicht in einer ganz direkten, eindeutig zuzuordnenden Reaktion besteht. Trotzdem können das Gespür für die Bewegung im Rücken und die Kreuzeinwirkung als Schlüsselpositionen dafür gelten, den »Fluß« der Bewegung von hinten über den Rücken und Hals nach vorne zu bringen. Sie sind damit Schlüssel für ein harmonisches, gelöstes Reiten zu jedem Zeitpunkt. Mit einem zwanglosen, entspannten, aber geraden Sitz kann der Reiter seine Chancen dafür wesentlich verbessern. Es ist unserer Ansicht nach schwer möglich, daß der Reiter auf einem verspannten, vorwiegend lateral gehenden Pferd sein Kreuz wirkungsvoll einsetzt (siehe auch »Neues zur Kreuzeinwirkung«). Das nach vorne weggestreckte Bein erschwert zum Beispiel ein Vorschwingen der Hüfte im Rhythmus der Bewegung. Denn stemmt der Reiter den Schenkel nach vorne und stützt sich im Bügel ab, drückt er automatisch das Gesäß nach hinten aus dem Sattel heraus. Das lockere Mitschwingen wird eingeengt. Vorgebeugte Schultern verstärken diesen negativen Effekt. Verspannt

Die Grundlagen der Kreuzeinwirkung sind das aufrechte Becken, ein zwanglos an den Pferdekörper gelegter Schenkel und eine entspannte Schulterhaltung. Der Reiter verstärkt zur Einwirkung die Bewegung des locker vorschwingenden Beckens, als wolle er den Gesäßknochen auf dem Sattel nach vorne drücken.

zurückgenommene Schultern dagegen führen zu einem Hohlkreuz. Auch mit dieser Haltung nimmt sich der Reiter die Chance, seine Hüfte locker nach vorne schwingen zu lassen.

*Was der Reiter fühlt*
Will der Reiter das Mitschwingen seiner Hüfte (als Basis für die Kreuzhilfe) über- prüfen, so kann er im Schritt oder Trab den Handrücken in die Kreuzgegend (etwa über dem Hosenbund) legen. Im Vollsitz wird er dabei spüren, wie seine Wirbelsäule gleichmäßig vor- und zurückgeht, im Rhythmus der Bewegung. Macht der Reiter dabei ein Hohlkreuz, kann er diese Bewegung nur aus der Senkrechten leicht nach vorne mitverfolgen. Rundet der Reiter den Rücken, dann wird er mit der Hand nur eine rhythmische Bewegung aus der Senkrechten leicht nach hinten spüren können. Ein Mitschwingen mit der Bewegung des Pferderückens ist nicht möglich.

Das richtige Mitschwingen seiner Hüfte zur Kreuzeinwirkung kontrolliert der Reiter, indem er – die Hand am Hosenbund – den gleichmäßigen Rhythmus überprüft. Macht er ein Hohlkreuz, läßt sich an der Wirbelsäule kein Schwingen in Richtung rundem Rücken erfühlen. Rundet er den Rücken, schwingt das Becken nur rückwärts und die Wirbelsäule macht keine Bewegung in Richtung Hohlkreuz.

## Die Hand

Letztes Glied in der Bewegungskette ist die Reiterhand. Die gleich einer Welle aus der Hinterhand durch den ganzen Pferdekörper kommende Bewegung wird von der Hand umgewandelt und zurückgegeben.

Die Hand ist einer der sensibelsten Punkte der Kommunikation zwischen Reiter und Pferd, weil sie sehr beweglich und einfach einzusetzen ist und gleichzeitig das Pferd im Maul sehr empfindlich reagiert. Im Unterricht wie in der Literatur versuchen deshalb viele Ausbilder eine negative Zügeleinwirkung zu umgehen, indem sie ihre Schüler unablässig zum Ruhighalten der Hand anhalten. Doch gerade das Kommando »Hände ruhig« führt dazu, daß der Reiter sich an diesem sensiblen Kommunikationspunkt verkrampft. Die Hand wird starr und fest, denn sie kann gar nicht als einziges Körperglied ruhiggestellt werden, wenn der Reiter ansonsten rhythmisch und gelöst die Bewegungen seines Pferdes mitmacht. Will er nicht eine entscheidende Einwirkungsmöglichkeit auf dem Weg zum harmonischen Miteinander verschenken, muß der Reiter auch die Hand in den Fluß der Bewegung einbringen.

**Die bewegliche Hand**

Der Reiter muß versuchen, seine Hand im Rhythmus der Nickbewegung des Pferdekopfes schwingen zu lassen. Er muß das Vor und Zurück der Pferdenase mit der Hand weich mitmachen und auf diese Weise zu einer stetigen Zügelverbindung kommen.

Hat er diese Nickbewegung einmal verinnerlicht, ist sie ihm quasi in Fleisch und Blut übergegangen, schwingt die Hand, ohne daß sich der Reiter auf ihre Bewegung konzentrieren muß, so kann

Der Reiter muß auch seine Hand in die harmonische Bewegung mit einbringen. Er folgt dazu dem rhythmischen Nikken des Pferdekopfes und wirkt auch in diesem Rhythmus ein. Schlimmster Fehler: Der Reiter versucht die Hand ruhig zu halten und wirkt dabei starr und verkrampft ein.

im Rhythmus der Bewegung eingewirkt werden. Der Reiter wird, will er »nachgeben«, die Bewegung nach vorne in Richtung Pferdemaul stärker betonen. Will er »annehmen« wird die Rückwärtsbewegung in Richtung vorgeschobenes Reiterbecken verstärkt. Nutzt der Reiter dabei jeden Schwung für eine Parade, beeinflußt er jeweils abwechselnd das eine oder andere Hinterbein. Er kann aber auch – analog zum Leichttraben – nur jeden zweiten Schwung zur Parade benutzen und somit ganz gezielt auf ein Hinterbein einwirken.

Je weiter das Pferd in seiner Ausbildung ist, desto weniger ausgeprägt wird das Vor- und Zurückschwingen der Reiterhand. Pferde- und Reiterbewegung verschmelzen optisch, so daß die Hand für den Betrachter ruhig wirkt, ohne starr zu sein. Dieser Effekt tritt ein, weil die Bewegung des Pferdekopfes immer geringer wird, je mehr das Pferd durchs

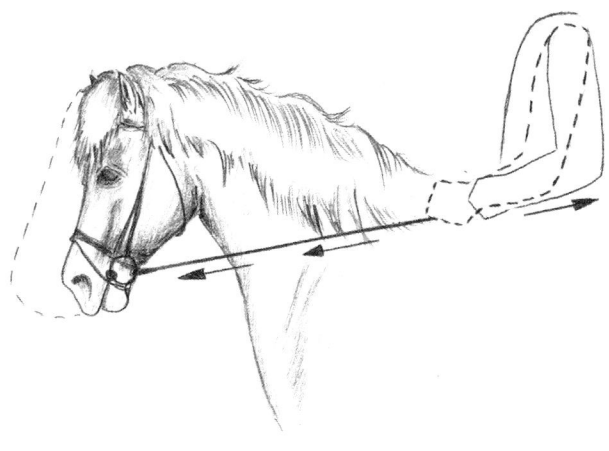

Genick treten kann. Um Verspannungen zu vermeiden, wird der Reiter in schwierigen Lektionen, etwa bei Piaffen, die Hand im Rhythmus auf und ab bewegen, denn weit schlimmer als ein Bewegen der Hand nicht ganz im Rhythmus ist die starre Reiterhand. Grundsätzlich sollte der Reiter das Gefühl haben, seine Hand zu »tragen«.

### Typische Fehler der Reiterhand

Geht das Pferd mit einem sogenannten »Unterhals«, drückt also die Nase unnatürlich nach oben, versuchen viele Reiter, ihr Pferd mit tiefgedrückter Hand in eine »dressurmäßige Haltung« zu zwingen. Das kann nicht den gewünschten

Erfolg bringen - aus folgendem Grund: Drückt ein Pferd den Unterhals nach vorne heraus, läßt es immer gleichzeitig den Rücken hängen, weil die Rückenmuskulatur und das Nackenband nicht mithelfen, die Bewegung bis zum Genick und Kopf zu bringen. Der Bewe-

Eine tiefgedrückte Hand nimmt dem Pferd jede Möglichkeit, sich zu entspannen und Hals und Kopf fallen zu lassen. Durch den sinnlosen Kampf verstärkt der Reiter nicht nur die Unterhalsmuskulatur seines Pferdes: Gibt dieses schließlich auf, wird es – weil es im Rücken nicht losläßt, sondern nur nach unten gezogen wurde – mit tiefer Schulter auf der Vorhand gehen. Richtige Korrektur: Der Reiter setzt sich geschmeidig hin, nimmt die Hand nach oben, versucht zum Treiben zu kommen und wartet geduldig, bis das Pferd sich an die Hand heranstreckt und die Nase fallen läßt.

gungsfluß von hinten nach vorne ist gestört. Will ein Reiter diesem Grundübel beikommen, indem er die Hand nach unten drückt, so gibt er gleichzeitig seinen treibenden Sitz auf. Der Oberkörper kommt nach vorne, das Gesäß von der Bewegung weg. Der Reiter nimmt damit sich und dem Pferd die Chance, mehr Kraft von hinten über den Rücken nach vorne an die Hand zu bringen und die schlechte Haltung zu verbessern. Doch damit nicht genug. Die nach unten gedrückte Hand verstärkt zudem den für das Pferd unangenehmen Druck auf die Kinnlade und animiert es geradezu dagegenzudrücken. Der untere Muskelstrang vom Bauch über den Hals zum Kinn wird mehr und mehr trainiert, der Unterhals immer stärker.

Will der Reiter den Haltungsfehler wirkungsvoll bekämpfen, muß er dem Pferdemaul mit der Hand nach oben folgen. Gleichzeitig sollte er es dem Pferd mit Schenkeln, Gewicht und Kreuz erleichtern, genügend Kraft aus der Hinterhand über den Rücken und Hals nach vorne zu bringen und somit - wie es die Reitersprache so plastisch ausdrückt - durchs Genick zu treten.

Genausowenig wie nach unten läßt sich ein Pferd nach oben ziehen. Pferde, die sich hinter der Senkrechten verkriechen - sich in die Brust zu beißen scheinen -, weichen damit nur einer starr einwirkenden Hand aus. Nimmt der Reiter zur Korrektur die Hand nach oben, verstärkt er die scharfe Einwirkung damit

nur noch. Das Pferd hat also immer mehr Grund, sich zu verkriechen. Die richtige Korrektur ist nur mit einer relativ tiefen Hand (sie folgt dem Pferdemaul) möglich, die geschmeidig in die Nickbewegung des Kopfes eingeht und gefühlvoll von den treibenden Hilfen unterstützt wird. (Andere Fehler siehe unter Schritt.)

**Einwirkungsmöglichkeiten mit der Hand**

Mit der Hand hat der Reiter folgende Einwirkungsmöglichkeiten: Er kann »nachgeben«, also die Hand im Rhythmus vorgeben (beim Anreiten); er kann »durchhalten«, also die Hand quasi auf der Stelle mitschwingen lassen (zum Beispiel bei der Parade); »annehmen« - das heißt, die Hand im Rhythmus der Bewegung nach rückwärts nehmen (zum Beispiel dann, wenn in der Parade das »Durchhalten« nicht ausreicht); oder er kann schließlich »verwahren« - als einseitige »durchhaltende« Zügeleinwirkung, die eine Biegung oder Wendung außen begrenzt.

*Was der Reiter fühlt*

Bis er sich das Mitschwingen der lockeren, geschmeidigen Hand eingeprägt hat, muß der Reiter sich ganz bewußt auf diese Bewegung konzentrieren. Er wird seine Hände zunächst in jeder Gangart mindestens zehn Zentimeter vor- und zurückbewegen, bis er den Rhythmus gefunden hat. Dabei muß er darauf achten, immer nur den Rückwärtsschwung zur Parade zu nützen. Schließlich kann der Reiter ganz bewußt den Handschwung auf jedes Hinterbein setzen, wenn er – analog zum Leichttraben –

nur jeden zweiten Rhythmus bis zum Ende mitmacht und dazwischen einmal »leer« schwingt. Auch dabei sollte er öfter den Schwung wechseln – genau wie zum Umsitzen beim Leichttraben.

# Das Zusammenwirken der Hilfen

Grundvoraussetzung für das harmonische Zusammenwirken der Hilfen ist, daß der Reiter das Prinzip des Bewegungsflusses verstanden hat: aus dem Schenkel über Gewicht und Kreuz nach vorne an die Hand...

Auf das Vorbild des Gesprächs übertragen hat das richtige Zusammenwirken der Hilfen dieselbe Wirkung wie ein Vorschlag oder Befehl. Dank seiner Einwirkung zur richtigen Zeit und in der richtigen Dosierung (Reitertakt) kann der Reiter im gelungenen Zusammenwir-

ken der Hilfen sein Pferd »überreden«, eine gewünschte Lektion auszuführen.

## Die halbe Parade

Jedes »Gespräch« mit seinem Pferd sollte der Reiter grundsätzlich mit einer halben Parade beginnen: Wenn dieser Gesprächsauftakt verschludert wird, die halbe Parade also nicht kommt, ist das Pferd mit der Aufgabe von Anfang an überfordert. Die halbe Parade gleicht da-

Die halbe Parade besteht aus zwei beinahe fließend ineinander übergehenden Bewegungsphasen: In der ersten treibt der Reiter sein Pferd mit Kreuz und Schenkeln gegen die Hand, um es zu setzen. In der zweiten Phase läßt er sein Pferd sich wieder (ein wenig) strecken, damit es die Rückenmuskulatur trotz des vermehrten Untertretens der Hinterhand entspannen kann. Auf das Nachgeben folgt wieder der erste Teil der halben Parade. Vor allem zu Beginn der Ausbildung muß der Reiter die halbe Parade oft mehrmals hintereinander machen, um sein Ziel zu erreichen.

1.

mit dem dezenten Klopfen des Redners an sein Weinglas, wenn er bei Tisch eine Ansprache halten und sein Publikum darauf aufmerksam machen will. Aber sie dient nicht nur der Überprüfung der Frage: Ist das Pferd bereit, feinfühlig auf den kleinsten Reiterwunsch zu reagieren? Die halbe Parade dient auch dem Reiter dazu, seine Haltung (seine »Befehlszentrale«) zu überprüfen. Sind Schenkel, Gewicht, Kreuz und Hand in der Position, um für das Pferd verständlich einwirken zu können?

Als Lektion läßt sich die halbe Parade in zwei beinahe fließend ineinander übergehende Bewegungsphasen unterteilen. Beide Schenkel am Gurt (eher etwas weiter hinten), die belasteten Gesäßknochen und das »vermehrt angezogene Kreuz« (das heißt, die Hüfte wird nach vorne in die Bewegung geschoben) treiben das Pferd zunächst gegen die »durchhaltende« Hand. In der zweiten Phase gibt die Hand nach, während das Kreuz bei belasteten Gesäßknochen und am Gurt liegenden Schenkeln eher passiv in der Bewegung mitschwingt. Im zweiten Teil der halben Parade läßt der Reiter sein Pferd aber nur so weit heraus, wie es der Hand mit der Nase vorwärts-abwärts folgt. Sobald das Pferd sich auf das Gebiß legt und nach unten zieht oder sobald es sich festhält und sich der Zügeleinwirkung nach oben entzieht (das heißt, der Reiter gibt nach und das Pferd folgt diesem Nachgeben nicht nach vorwärts-abwärts, sondern bleibt mit der Nase oben), beginnt der Reiter wieder mit dem ersten Teil der halben Parade.

**Wirkung der halben Parade**

Mit der halben Parade kontrolliert der Reiter seinen Einfluß auf die Hinterhand und damit auch die Durchlässigkeit des Pferdes. Er kann mit ihrer Hilfe Aufmerksamkeit, Takt und Haltung verbessern sowie Tempo und Gangmaß ver-

2.       3.       4.

ringern, zum Beispiel vom Galopp zum Trab wechseln oder aus dem schnelleren zum langsameren Tempo Tölt.

Die halbe Parade hat nur dann einen Zweck, wenn das Pferd sich in der zweiten Phase mit der nachgebenden Hand willig streckt und damit seinen Rahmen erweitert und im Rücken wieder löst. Leider gibt es auf Islandpferdeturnieren in der sogenannten »natürlichen Töltprüfung 1.1« immer noch den Aufgabenteil »Zügel überstreichen«. Unsinnigerweise wollen die Richter dabei sehen, daß das Pferd auch ohne Zügel hoch aufgerichtet weitertöltet. Ein Pferd, das gelernt hat, der Hand mit der Nase fein nachzugehen und sich auf diese kleine Hilfe immer wieder zu lösen, indem es sich streckt (was ja auch später für das Rennpaßreiten wichtig ist), wird mit dieser Anforderung nur durcheinandergebracht.

**Fehler bei der halben Parade**
Führt der Reiter den zweiten Teil der halben Parade schlampig aus oder »vergißt« ganz, sein Pferd wieder rauszulassen, so wird das absolut durchlässige Pferd anhalten und sogar rückwärts gehen, oder es wird sich steif machen und gegen die starre Hand drücken. Mit dem Gehenlassen gibt der Reiter dem Pferd nämlich die Möglichkeit, im Rücken wieder loszulassen, nachdem das vorherige vermehrte Untertreiben der Hinterhand zu einer besseren Aufrichtung geführt hat.

Dosierung der Hilfen und Gebrauch der halben Parade müssen nicht nur vom Reiter erlernt werden – auch für das Pferd ist es ein oft längerer Prozeß, bis es gelernt hat, halbe Paraden gelöst durchzulassen und sich dabei – bis zum höchsten Grad der Versammlung – zu »setzen«. Für das Verständnis des Reiters ist es ganz wichtig, daß er die halbe Parade nicht als »Kunststückchen« oder Gehorsamsübung ansieht, die mit dem Pferd so lange geübt wird, bis das Tier sie endlich kapiert hat. Die halbe ist wie die ganze Parade das Ergebnis einer gelungenen Lösephase.

## Die ganze Parade

Vor allem die ganze Parade – die sich aus mehreren halben Paraden zusammensetzt und aus jeder Gangart und jedem Tempo zum Halt führt – sagt deshalb nahezu alles über die Durchlässigkeit des Pferdes aus. Wird das Pferd harmonisch langsamer, kommt es ohne »Stop« und ohne »Ruck« zum Halt, wirkt die Bewegung bis zum Stillstand fließend und locker, übernimmt die Hinterhand durch gleichmäßiges Untertreten immer mehr Last, dann hat der Reiter sein Ziel erreicht, sein »Traumpferd« ausgebildet.

**Fehler bei der ganzen Parade**
Eines sollte sich der Ausbilder deshalb immer ganz klar vor Augen führen: Nimmt ein Pferd die halbe und damit

Der Reiter zieht (anstelle der ganzen Parade) ungeduldig die Notbremse, er stemmt sich in die Bügel, hält sich mit den Oberschenkeln fest und gibt die Kreuzeinwirkung auf. Das Pferd wird abrupt im Bewegungsfluß unterbrochen. Hilflos und krampfartig springt die Hinterhand unter, der Rücken ist fest. Das Pferd läßt sich nicht harmonisch zusammenschieben.

auch die ganze Parade noch nicht an, geht es stur gegen die Hand, so liegt das meist nicht am fehlenden Gehorsam, sondern daran, daß das Pferd noch verspannt und damit noch nicht durchlässig ist. Feine Tempounterschiede, Wechseln der Gangarten und andere lösende Übungen helfen den beiden Partnern in solchen Situationen deshalb weit mehr als die gewaltsame »Notbremse«, die

man leider so häufig sieht. »Zieht« er nämlich mit aller Kraft gegen, muß sich ein Reiter mit den Oberschenkeln und Knien festklammern oder sogar in die Bügel stellen. Er gibt damit seine Kreuzeinwirkung auf, weil die Gesäßknochen aus dem Sattel kommen. Das Pferd wird noch mehr im Fluß gestört, hat noch weniger Chancen, im Rücken loszulassen.

Sehr häufig bekommt man abrupte »Stops« von scheinbar durchlässigen, gehorsamen Pferden vorgeführt. Von geschickten Reitern werden die Pferde auf wenigen Metern - oft aus hohem Tempo - zum Stand gezwungen. Fast hilflos, hackig und krampfartig springt die Hinterhand dabei unter den Schwerpunkt, weil das Pferd im Rücken noch völlig festgehalten ist und sich nicht harmonisch zusammenschieben und verkürzen kann.

Der dritte Fehler in der ganzen Parade, meistens zu sehen bei ungeübten Reitern, ist das »Bremsen« auf der Vorhand. Die treibenden Hilfen fehlen, das Pferd kann das Gewicht nicht mit der Hinterhand aufnehmen, wird in der Schulter tief und bleibt, oft sichtbar mit der Nase nach unten ziehend, auf der Vorhand stehen.

## Das Rückwärtsrichten

Sozusagen die »höchste Stufe« der Parade ist das Rückwärtsrichten. Das Pferd tritt, nach der aufmerksam machenden halben Parade, taktklar in diagonaler Fußfolge zurück. Der Reiter treibt mit leicht zurückgenommenen Schenkeln (siehe oben), belasteten Gesäßknochen und verstärkt angezogenem Kreuz das Pferd gegen die durchhaltende bis annehmende Hand. Die korrekte Lektion und das durchlässige Pferd sind auch daran zu erkennen, daß das Pferd nicht rückwärts kippt, sondern die Beine zunächst anhebt, als wolle es vorwärts treten, und sie dann zurücksetzt.

Weil das Rückwärtsrichten eine gutausgebildete Rückenmuskulatur und eine Hinterhand voraussetzt, die viel Tragkraft übernehmen kann, darf der Reiter seinem Pferd das Lernen der Lektion zunächst erleichtern: Er kann durch einen leicht nach vorne geneigten Oberkörper den Pferderücken entlasten, damit das Pferd ihn nach oben wölben und leichter rückwärts treten kann.

Rückwärtsrichten ist eine versammelnde Lektion, weil es mehr Gewicht auf die Hinterhand des Pferdes bringt. Es dient dem Reiter dazu, das Zusammenwirken seiner Hilfen zu überprüfen, und ist letztlich auch eine Gehorsamsübung.

### Fehler beim Rückwärtsrichten

Gerade letzteres verleitet manchen Reiter dazu, das Rückwärtsrichten als »Strafmaßnahme« anzuwenden. Das Pferd reagiert - vergleichbar dem Stop bei der Parade - übereilt, es hastet oder springt zurück und hat keine Möglichkeit, im Rücken loszulassen.

Wird das Pferd im anderen Extrem zu wenig getrieben, so geht es nicht aus der Vorwärtsbewegung zurück, sondern kriecht rückwärts, hebt die Beine zu wenig vom Boden und bleibt in der Schulter tief. Die Hinterhand hatte also keine Möglichkeit, mehr Last zu übernehmen.

# Grundlektionen

Neben den elementaren halben Paraden gibt es weitere Lektionen, mit denen der Reiter bei korrektem Zusammenwirken der Hilfen das harmonische Miteinander verbessern kann.

## Das Anreiten

Nachdem das Pferd mit einer halben Parade darauf aufmerksam gemacht wurde, daß der Reiter jetzt etwas von ihm will, treibt dieser mit beiden Schenkeln am Gurt, dem Gewicht auf beiden Gesäßknochen und dem verstärkt angezogenen Kreuz das Pferd vorwärts. Die Reiterhand gibt dabei nach. In je höherer Gangart oder Tempo der Reiter anreiten will, desto deutlicher muß die halbe Parade vorher die Aufmerksamkeit des Pferdes sicherstellen.

### Fehler beim Anreiten

Häufig wird die halbe Parade vor dem Anreiten vergessen oder so nachlässig gemacht, daß sie nicht ankommt. Das Pferd kommt schon mit dem ersten Schritt in den negativen Bewegungsablauf (siehe Haltung), geht quasi nach vorne kippend los. Dabei spannt es sich oder fällt auseinander, und der Reiter arbeitet in den folgenden Lektionen der eigenen Nachlässigkeit hinterher.

Auch wenn bei der halben Parade vor dem Anreiten Treiben und Nachgeben nicht fein aufeinander abgestimmt wurden, wird der Reiter in den folgenden Lektionen Schwierigkeiten mit einem entweder verspannten oder zu laschen Pferd haben.

## Das Reiten von Wendungen

Nach der Einleitung mit einer halben Parade wird das Pferd zur Seite der Wendung gestellt. Der Reiter nimmt den Drehsitz ein: Der innere Schenkel treibt am Gurt, der äußere wird eine Handbreit zurückgenommen, wirkt verwahrend und bestimmt den Grad der Längsbiegung. Der innere Gesäßknochen wird verstärkt belastet – das heißt, die innere Hüfte wird bewußt in die Bewegung nach vorne geschoben und damit das Kreuz innen verstärkt angezogen. Die innere Hand stellt das Pferd, die äußere verwahrt und begrenzt damit die Biegung von Hals und Kopf.

### Fehler beim Reiten von Wendungen

Der offensichtlichste Fehler beim Reiten von Wendungen: Das Pferd weicht der Einwirkung auf der steifen Seite über die innere Schulter aus und auf der weichen Seite über die äußere (Korrektur siehe auch natürliche Schiefe).

Ein weiterer häufiger Fehler: Wenn

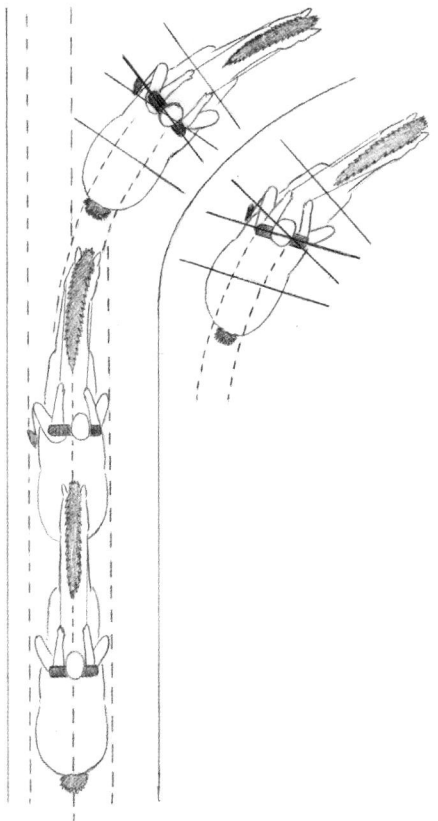

Nimmt der Reiter zum Beispiel durch die Ecke den Drehsitz ein, dreht er also seine Schulter parallel zur Pferdeschulter und seine Hüfte parallel zur Hüfte seines Pferdes, dann plaziert er auch in der Biegung sein Gewicht so, daß er effektiv einwirken kann und seinem Pferd die Möglichkeit gibt loszulassen (linker Reiter).

Einer der Hauptfehler beim Reiten in der Wendung: Der Reiter will sein Pferd innen weich machen und nimmt die Hand über den Hals nach außen. Die Folge: Er gibt den Drehsitz auf (seine Schulter ist nicht mehr parallel zur Pferdeschulter) und kann nicht mehr effektiv einwirken. Sein Gewicht hängt nach außen, das Pferd kann nicht loslassen (rechter Reiter).

der Reiter sein Pferd zur Wendung nach innen stellt, nimmt er die innere Hand nicht in die Wendung hinein, sondern führt diese im extremsten Fall sogar über den Pferdehals nach außen und versucht damit ein Nach-innen-Laufen des Pferdes zu verhindern. Durch diese Bewegung kommt aber die innere Reiterschulter nach vorne, der innere Gesäßknochen wird entlastet und der Drehsitz wirkungslos. Richtig sitzt der Reiter, wenn er durch das Drehen der Schultern die innere Hand am Oberkörper vorbei nach hinten führt. Die äußere Hand kommt mit der äußeren Schulter nach vorne und läßt zu, daß das Pferd sich stellen und biegen kann.

## Vorhandwendung

Das Pferd geht im Takt des Schrittes mit der Hinterhand um die Vorhand herum. Die Vorhandwendung dient Reiter und Pferd dazu, ein Gefühl für den seitwärtstreibenden Schenkel zu entwickeln. Nach der halben Parade wird das Pferd zur inneren Seite gestellt, der innere Schenkel treibt am Gurt, der äußere verwahrt. Der innere Gesäßknochen wird vermehrt belastet, das Kreuz innen vermehrt angespannt, indem der Reiter die innere Hüfte bewußt in die Bewegung nach vorne schiebt. Die innere Hand stellt das Pferd, der äußere Zügel wirkt verwahrend und sorgt für die Haltung.

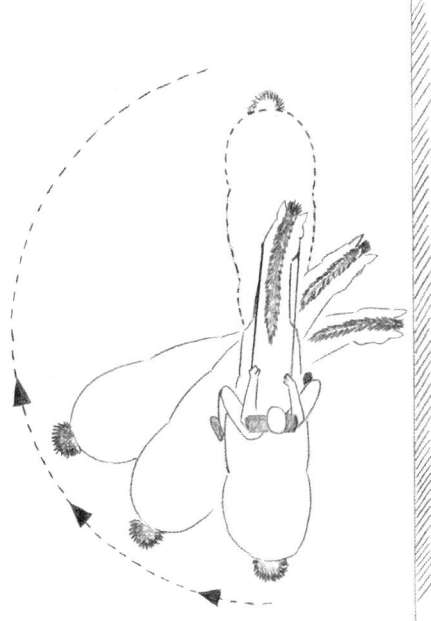

In der Vorhandwendung lernt das Pferd, auf die Schenkeleinwirkung seitwärts zu treten. Weil das Pferd mit der Hinterhand nicht in Richtung des gemeinsamen Schwerpunktes tritt, hat die Übung ihren Zweck erfüllt, sobald das Pferd das Seitwärtstreten verstanden hat.

### Fehler bei der Vorhandwendung

Oft werden bei der Vorhandwendung die Pferde zu stark gestellt oder zur Korrektur nur am inneren Zügel »herumgezogen«. Der Reiter muß jedoch mehr mit dem inneren Schenkel und weniger mit der inneren Hand einwirken. Eventuell sollte er in der Bodenarbeit oder unterstützt von einem Helfer dem Pferd die Wirkung des seitwärtstreibenden Schenkels besser verständlich machen.

Er sollte sich selbst überprüfen: Zuerst muß immer die Schenkeleinwirkung kommen, bevor der Reiter mit der Hand einwirken kann.

## Schenkelweichen

Das Schenkelweichen ist eine Lektion, mit der Reiter und Pferd das Gefühl für die seitwärtstreibenden Schenkel entwickeln. Die Übung ist deshalb nur so lange sinnvoll, bis das Pferd auf den inneren seitwärtstreibenden Schenkel zu reagieren gelernt hat, bis der Drehsitz dem Reiter in Fleisch und Blut übergegangen ist. Ist das Pferd im Schenkelweichen sauber an den äußeren Schenkel und an den äußeren Zügel gestellt, dann kann die Lektion Schenkelweichen aus dem Ausbildungsplan gestrichen werden, weil sie keinen gymnastizierenden Wert hat. Denn beim Schenkelweichen tritt die Hinterhand vom gemeinsamen Schwerpunkt (Reiter und Pferd) weg, wird also nicht zur vermehrten Gewichtsaufnahme angeregt.

### Hilfen zum Schenkelweichen

Aufgrund der Gewichtsverteilung beim Drehsitz treibt der innere Schenkel am Gurt – auf jeden Fall aber liegt er weiter vorne als der äußere, verwahrende Schenkel und ermöglicht dem Pferd damit auch die Innenstellung. Damit ist der innere Gesäßknochen belastet, das Gewicht somit innen, die innere Hüfte

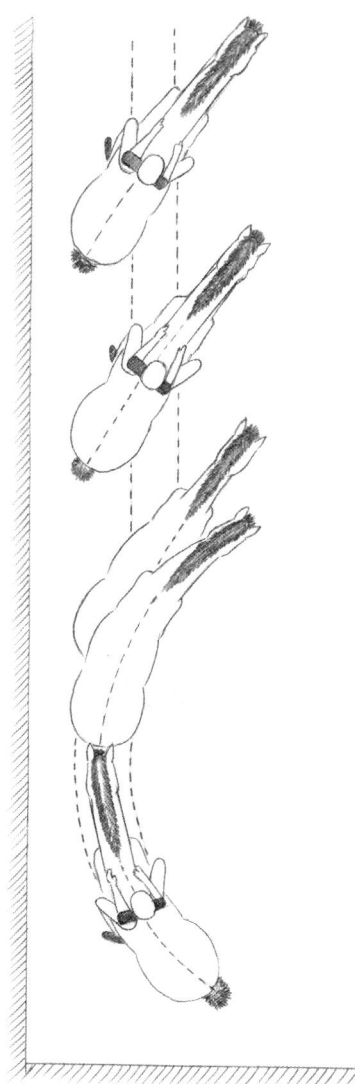

vorne, das Kreuz also innen verstärkt angespannt. Die innere Hand stellt das Pferd, die äußere verwahrt.

**Fehler beim Schenkelweichen**
Gerade beim Schenkelweichen versäumen es viele Reiter, auf den richtigen Drehsitz zu achten. Die Folge: Ihr Gewicht hängt auf der falschen Seite (wo der Reiter sein Gewicht hat, kann der Betrachter nur am Drehsitz erkennen, nie an einer Seitwärtsneigung des Oberkörpers), sie nehmen dem Pferd die Möglichkeit, auf den seitwärtstreibenden Schenkel zu reagieren.

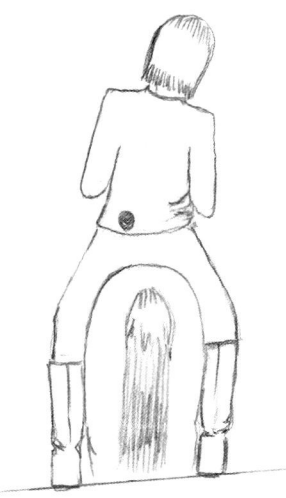

Auch mit dem Schenkelweichen soll der Reiter das Gefühl für den seitwärtstreibenden Schenkel entwickeln, das Pferd soll lernen, diesen anzunehmen. Die Übung ist nur sinnvoll, bis der Drehsitz und seine Wirkung beiden in Fleisch und Blut übergegangen sind.

Häufiger Sitzfehler in der Wendung und beim Schenkelweichen: der Knick in der Hüfte. Die Folge: Der Schwerpunkt (●) des Reiters rutscht nach außen, das Gewicht hängt falsch. Das Pferd hat keine Möglichkeit, gelöst auf den treibenden Schenkel seitwärts zu treten, weil es das schiefhängende Reitergewicht ausbalancieren muß.

Sehr häufig kommt auch die halbe Parade zu Beginn der Lektion nicht durch. Das Pferd wird nicht zusammengeschoben, es bleibt zu lang und bricht über die äußere Schulter aus. Vor allem auf der hohlen, der vermeintlich weichen Seite »rennen« die Pferde einfach mit einer starken Halsbiegung seitwärts, weil die äußeren Hilfen völlig fehlen.

Auf der steifen Seite geht beim fehlerhaften Schenkelweichen fast immer die Hinterhand voraus. Der natürliche Fluß der Bewegung von hinten nach vorne ist damit gestört, das Pferd hat keine Möglichkeit, sich zu lösen. Der Reiter sollte weniger stark mit der Hand einwirken und mehr vorwärtsreiten.

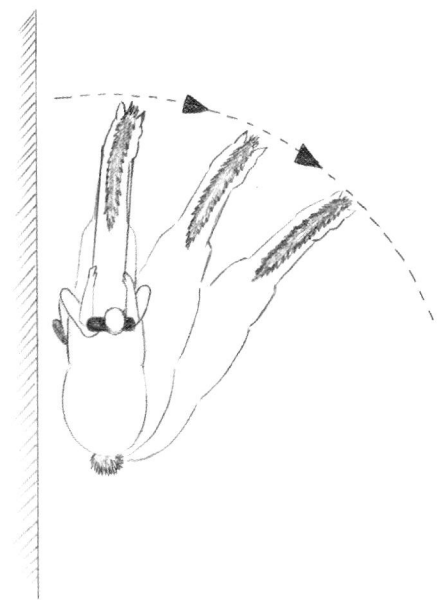

Die Hinterhandwendung ist eine versammelnde Übung, denn das Pferd muß dabei mit der Hinterhand vermehrt unter den gemeinsamen Schwerpunkt treten. Es ist in die Bewegungsrichtung gestellt und gebogen. Der Reiter sitzt im korrekten Drehsitz und hat damit auch bei dieser Übung sein Gewicht innen.

## Hinterhandwendung

Das Pferd geht im Takt des Schritts mit den Vorderbeinen um die Hinterbeine herum. Die Hinterhandwendung ist eine versammelnde Übung, sie gibt dem Reiter die Möglichkeit, die Hinterbeine seines Pferdes zur vermehrten Gewichtsaufnahme anzuregen, weil die Hinterhand von außen nach innen treten muß und damit unter das nach innen verlagerte Gewicht von Reiter und Pferd.

Auch die Hinterhandwendung beginnt mit einer halben Parade. Dann wird das Pferd zur Seite der Wendung gestellt und gebogen, es schaut also in die Richtung, in die es gehen soll; die Richtung, in die es geht, ist also innen.

Der Reiter nimmt den Drehsitz ein: Innerer Schenkel am Gurt - erhält die Vorwärtsbewegung und biegt das Pferd. Äußerer Schenkel eine Handbreit hinter dem Gurt - treibt seitwärts. Innerer Gesäßknochen verstärkt belastet, innere Hüfte vor, damit ist automatisch das Kreuz innen mehr angezogen. Der innere Zügel stellt und biegt das Pferd, der äußere nimmt mit Hilfe von Paraden die Vorhand des Pferdes mit um die Hinterhand.

**Fehler bei der Hinterhandwendung**
Sehr häufig sieht die Hinterhandwendung leider so aus: Die ersten zwei bis drei Tritte geht die Vorhand um die stehende Hinterhand – die eigentlich im Schrittakt mittreten sollte – herum, danach gibt das Pferd Stellung und Biegung auf und geht in Konterstellung – quasi schenkelweichen-artig – weiter. Die Hinterhand bewegt sich dann zwar, aber in die falsche Richtung. Das Pferd muß in Konterstellung geritten werden, damit es im zweiten Teil überhaupt noch seitwärts geht. Der Reiter hat zu wenig gelernt, die äußeren Hilfen einzusetzen, er hat das konsequente Vorwärtsreiten vernachlässigt und ist zu Beginn der Lektion mit der halben Parade nicht durchgekommen. (Korrektur siehe Ausbildung des Pferdes.)

# Die Grundausbildung des Pferdes

»Zeit« – das ist der Hauptfaktor der Ausbildung. Denn wenn der Reiter einmal mit seinem Pferd den richtigen Weg gefunden hat, ist es nur noch eine Frage der Zeit, bis es zum *Gaedingur,* zum Traumpferd, wird. Bei einem Pferd, das von der Natur mit geringeren Talenten ausgestattet ist, kann diese Ausbildung sehr lange dauern. Ein begabtes Pferd schenkt dem Reiter sehr viel. Wir haben in diesem Kapitel ganz bewußt auf konkrete Zeitangaben für die Ausbildung verzichtet, denn es ist nicht nur von Pferd zu Pferd verschieden, wieviel Zeit in den einzelnen Ausbildungsabschnitt investiert werden muß. Auch die Erfahrung und das Gefühl des Ausbilders spielen natürlich bei der Ausbildung eine wichtige Rolle.

Doch einmal auf der richtigen Spur, gelingen oft unmöglich scheinende Vorhaben, wird der geduldige Reiter sein Ziel erreichen. Die Frage, die er sich also zu Beginn seiner Arbeit stellen muß: Will ich so viel Zeit investieren? Habe ich das Pferd gefunden, das für meinen Verwendungszweck das richtige Talent mitbringt?

Zeit muß sich der Reiter auch für den Umgang mit seinem Pferd nehmen, er sollte eine richtige Beziehung zu ihm aufbauen. Der Stellenwert eines guten emotionalen Verhältnisses wird gerade von Berufsreitern häufig unterschätzt, weil sie auf so hohem Niveau arbeiten, daß sie durch ihr Können bereits viel aus dem Pferd herausholen und die nötige Zeit aus finanziellen oder anderen Gründen oft nicht haben.

In seiner Ausbildung sollte der Reiter Rücksicht nehmen auf das Wohlbefinden seines Pferdes. Dazu gehört, daß er für eine ordentliche Unterkunft und genügend Auslauf sorgt. Die gemeinsame

Zeit ist der Hauptfaktor in der Ausbildung eines jungen Pferdes. Takt und Losgelassenheit sind das erste Ziel für den Ausbilder, bevor sich der Reiter daran machen kann, das Pferd zu setzen.

Arbeit sollte außerdem einfallsreich und an die Umgebung angepaßt sein. Das heißt, wer zum Beispiel keinen Reitplatz hat, muß sich Ausweichmöglichkeiten ausdenken ebenso wie derjenige, der nicht auf ein vernünftiges Ausreitgelände oder eine Ovalbahn zurückgreifen kann. In Anlehnung an das alte Sprichwort: »Die Scholle prägt den Menschen« kann nämlich formuliert werden: Das Reitgelände prägt das Pferd oder zumindest seine Ausbildung. Zum Beispiel wird ein Ausbilder in Island, wo er sehr viel Platz zur Verfügung hat, zunächst viel weniger Wert auf den Gehorsam sei-

nes Pferdes legen müssen, weil er es im freien Gelände lange Strecken vorwärtsreiten kann, ohne etwas zu riskieren. Auf dem dichter besiedelten Kontinent hingegen kann es lebensgefährlich sein, die Grundausbildung in Sachen Gehorsam auf einen späteren Zeitpunkt zu verschieben.

# Die Gewöhnungsphase

Jedes Pferd, gleich ob es im Turniersport, zum Freizeitreiten oder als Schulpferd eingesetzt werden soll, durchläuft die gleiche Grundausbildung. Diese Arbeit sollte nur ein geübter Reiter machen – möglichst unter Aufsicht eines Ausbilders –, da Fehler, die in der Grundausbildung eines Pferdes gemacht werden, später nur sehr schwer zu korrigieren sind.

Je nachdem wie und wo ein Pferd aufgewachsen ist, beginnt die Gewöhnungsphase damit, daß es das Einfangen-Lassen oder den Respekt vor dem Menschen lernt. Als wichtigster Grundsatz für die gesamte Ausbildung des Pferdes gilt: Sobald das Pferd auch nur einen richtigen Ansatz gemacht hat, ein Kommando zu erfüllen, muß es sofort gelobt werden. »Loben« heißt dabei aber nicht, dem Pferd jedesmal »um den Hals zu fallen«, ein sofortiges »Brav« oder »Ja« oder ein ähnliches Wort reicht aus – und wirkt oft Wunder!.

Putzen, Hufe hochheben und das Führen zum »Arbeitsplatz« sind die ersten gemeinsamen Aufgaben für Pferd und Reiter, wobei letzteres bereits als erste Bodenarbeit angesehen werden kann.

# Die Bodenarbeit

## Das Führen

Zur Bodenarbeit zählen das Führen des Pferdes im Schritt, im Trab, in der Wendung, das Parieren auf möglichst feine Hilfen des Führers, die Vorhandwendung und das Rückwärtsrichten. Das Pferd trägt zu dieser Arbeit ein Stallhalfter mit Führkette. Der Ausbilder geht auf Höhe der Pferdeschulter und dirigiert sein Pferd mit Hilfe der Stimme, der Führkette und einer ca. 120 cm langen Gerte. In der ersten Zeit kann ein Helfer – ebenfalls ausgerüstet mit einer

Der Ernst des Pferdelebens beginnt. Mit dem Führen fängt die Bodenarbeit an. Der Ausbilder geht dabei auf Höhe der Pferdeschulter und dirigiert sein Pferd mit Hilfe der Stimme, einer Führkette und einer längeren Gerte.

längeren Gerte - den Ausbilder beim Treiben unterstützen.

Die Arbeit am Boden wird so lange wiederholt, bis das Pferd die treibende Gerte und die verwahrende Kette akzeptiert und die Stimmkommandos des Ausbilders verstanden hat.

Nach der Bodenarbeit wird das Pferd zurückgebracht in den Stall. Dort wird es aufgetrenst (Achtung: Trense sollte sehr gut sitzen und ohne Sperriemen verschnallt sein) und gefüttert. So kann das Pferd sich mit dem Gebiß vertraut machen, ohne daß es die Zunge darüber nimmt, denn mit der Zunge über dem Gebiß könnte es nicht fressen. Nach etwa einer Stunde kann die Trense wieder abgenommen werden. Hat das Pferd mit der Trense fressen gelernt, wird es nach der Bodenarbeit außerdem gesattelt und mit Sattel gefüttert und einige Zeit stehengelassen.

## Das Longieren

Sind Ausbilder und Pferd sich beim Führen einig, kann mit dem Longieren begonnen werden. Es sollte unbedingt ein eingezäunter Longierzirkel - Durchmesser etwa 15 Meter - zur Verfügung

stehen. Als Einzäunung reicht – falls es sich nicht um die Korrektur bereits verdorbener Pferde handelt – ein Flatterband, auf etwa einem Meter Höhe gespannt. Der Ausbilder nutzt zunächst das in der Bodenarbeit gelernte Prinzip und treibt sein Pferd quasi von hinten, indem er stets auf einem kleineren Innenzirkel mitläuft. Damit ermöglicht er es seinem Pferd außerdem, nach vorne wegzulaufen und verhindert ein starkes Nach-außen-Drängen über die äußere Schulter. Dieses würde er provozieren, stünde er nur in der Mitte und ließe das Pferd um sich herumlaufen.

Die Arbeit an der Longe beginnt in einer schnelleren Gangart – im Trab, Tölt, Paß oder Galopp – je nachdem was das Pferd anbietet. In dieser schnelleren Gangart verlangt der Ausbilder ein flottes Tempo, um dem Neuling das

Zu Beginn der Bodenarbeit trägt das Pferd ein Stallhalfter. Der Ausbilder wirkt mit Hilfe der Führkette ein. Er hakt diese auf der rechten Kopfseite in den oberen Ring des Halfters, läßt sie zum Nasenriemen hinunterlaufen und schlingt die Kette einmal um den Nasenriemen (denn dann wirkt sie weniger scharf) zur Öse auf der linken Halfterseite. Von dort läuft die Kette zum Strick in der Ausbilderhand. Ein- und ausgefädelt wird sie jeweils von links.

freie Vorwärtsgehen zu erleichtern. Wenn sich das Pferd gerne festhält, wenn es nicht nach einigen Runden abschnaubt, wenn es den Hals nicht fallenläßt und keinen Rhythmus findet, sollte der Ausbilder um viel Ruhe bei der Arbeit in der schnelleren Gangart bemüht sein und das Tempo erst allmählich steigern. Je nach Pferdetyp kann das Longieren beim erstenmal nur wenige Minuten dauern. Die Arbeit sollte beendet werden, wenn der Ausbilder das Gefühl hat, daß die Lust am Vorwärtsgehen beim

Pferd nicht mehr da ist. Das Arbeitspensum sollte langsam und allmählich gesteigert werden. Wenn das Pferd gelernt hat, sich auf einer Hand frei vorwärts zu

bewegen, wechselt der Ausbilder die Hand.

Um dem Pferd die tägliche Arbeit zu erleichtern, sollte es jetzt auch beschlagen werden. Bewährt hat es sich, zu Beginn der Longierarbeit zunächst vorne zu beschlagen und etwa 14 Tage später hinten. Dieses Prinzip erleichtert es dem Pferd, das Gleichgewicht zu finden.

Nach dem in der Bodenarbeit gelernten Prinzip treibt der Ausbilder sein Pferd beim Longieren von hinten, indem er auf einem kleinen Innenzirkel mitgeht. Verwahrend wirkt er ein, indem er auf diesem Innenzirkel quasi „vor" das Pferd tritt und die Longiergerte vor den Kopf des Pferdes zeigt.

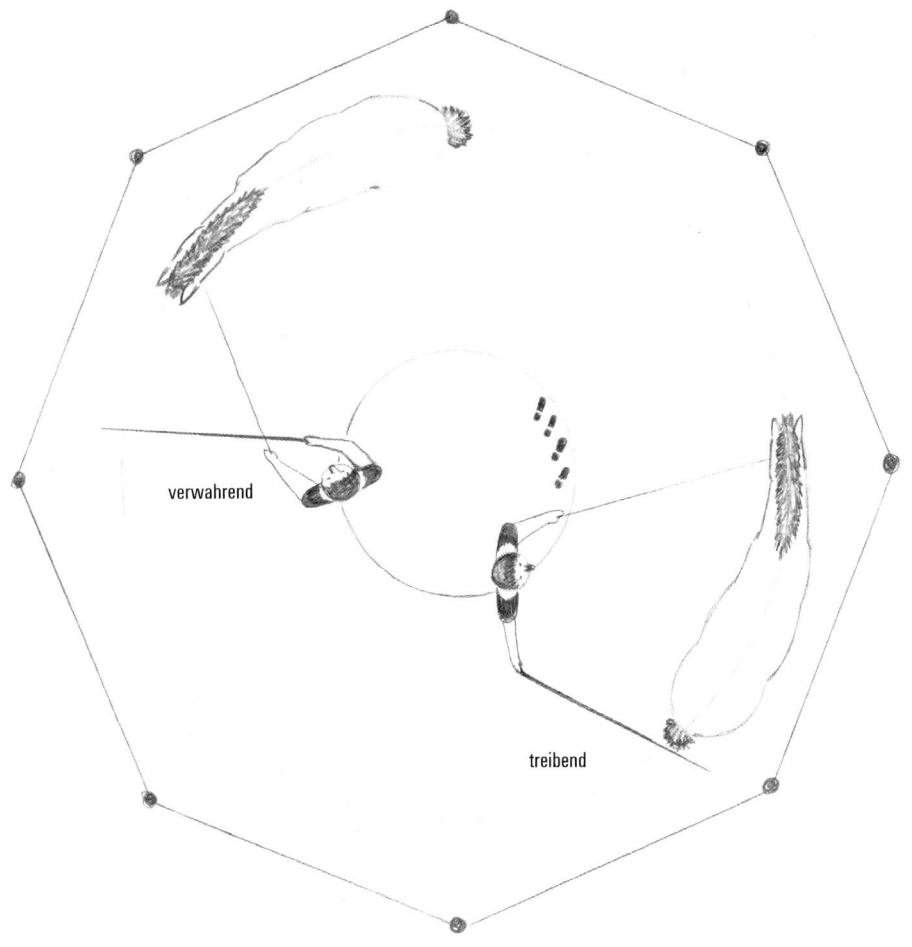

verwahrend

treibend

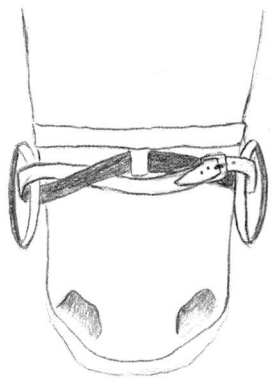

Zum Longieren mit Trense wird das Gebiß am Nasenriemen festgebunden, indem der Pullerriemen eines kombinierten Sperrhalfters nicht unter dem Kinn durchgeschlossen, sondern durch beide Gebißringe geführt und vor der Pferdenase zugemacht wird. Diese Art der Verschnallung kann verhindern, daß das Pferd die Zunge übers Gebiß nimmt und verteilt den Druck des Ausbinders oder des Zügels auf dem Nasenrücken.

Zu Beginn der Longierarbeit ist das Pferd mit Stallhalfter (eventuell mit Führkette) aufgezäumt. Nach einigen Tagen kann über das Halfter die Trense geschnallt werden, die Longierleine wird aber weiterhin am Stallhalfter eingehängt. Später wird das Pferd bei der Longenarbeit außerdem gesattelt – anfangs ohne Steigbügel und Bügelriemen. Je nach Sattellage empfiehlt es sich dabei, einen Vorgurt zu verwenden. Sonst könnte, wenn das Pferd buckelt, der Sattel nach vorne rutschen und sich unter den Bauch drehen.

Allmählich werden an der Longe Gangarten- und Tempowechsel geübt.

Das Pferd lernt, immer feiner auf Stimme und Gerte zu reagieren.

*Zur Abwechslung: Handpferdereiten*
Um ihm bei der Arbeit Abwechslung zu verschaffen, kann das Pferd jetzt mit Stallhalfter und Führkette als Handpferd bei Ausritten mitgenommen werden, allerdings nur von einem geübten Reiter, der auf einem ruhigen, gut ausgebildeten Reitpferd sitzt. Ein Mitreiter kann diesen die ersten Male durch Treiben von hinten unterstützen.

Im Longierzirkel darf das Stallhalfter nun weggelassen werden. Das gut verschnallte Gebiß wird aber mit dem Nasenriemen nach vorne festgebunden. Die Longierleine wird in den Trensenring eingehakt, von außen weist die Umzäunung dem Pferd den Weg.

Der Ausbilder sollte bei dieser Arbeit genau darauf achten, ob das Pferd seine Zunge unter dem Gebiß hat. Wenn es Probleme gibt, muß er entweder die Trense höher schnallen, das Gebiß besser nach vorne festbinden oder ein anderes Gebiß verwenden.

Hat das Pferd das Gebiß akzeptiert und sich an den allgemeinen Umgang bei der Arbeit gewöhnt, muß es an der Longe lernen, sich nach vorwärts-abwärts zu dehnen und im Rücken loszulassen. Der Ausbilder bindet es dafür mit einem Hilfszügel aus (Equilonge oder Schlaufzügel haben sich am besten bewährt).

### Sinn des Longierens

Bei der Arbeit an der Longe lernen Ausbilder und Pferd sich besser kennen. Das Pferd lernt, immer feiner auf die Anweisungen von Stimme und Gerte zu reagieren. Hauptsächlich aber soll es an der Longe den Weg in die Tiefe finden und damit eine tragfähige Rückenmuskulatur ausbilden. Nach dem statischen Vorbild einer Brücke oder eines Torbogens ist das entspannte Tragen des Reiters für das Pferd nämlich dann am besten möglich, wenn es den Rücken nach oben wölbt. Außerdem kann dann die Hinterhand am besten untertreten und später das gemeinsame Gewicht von Reiter und Pferd tragen. Bevor der Reiter also erstmals aufsteigt, sollte das Pferd dafür bereits trainiert sein, denn kommen Hals und Kopf verspannt nach oben, krümmt sich die Rückenmuskulatur automatisch nach unten. Sie ist dann nicht in der Lage, das Gewicht des Reiters zu tragen, und das Pferd empfindet dadurch Schmerzen.

### Gangarten an der Longe

Ob an der Longe, im Freilaufen oder als Handpferd: Der Ausbilder sollte das junge Pferd möglichst bald so weit haben, daß es überwiegend im Trab gearbeitet werden kann. Schritt sollte bei dieser

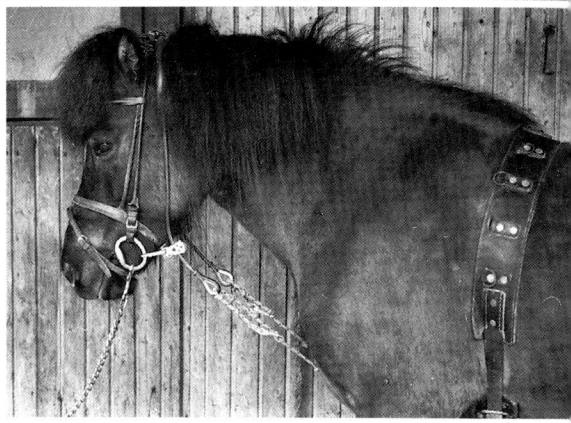

Das Pferd muß an der Longe lernen, sich vorwärts-abwärts zu dehnen und an Hilfszügel bzw. Reiterhand heranzustrecken. Der Ausbilder zeigt ihm den Weg mit dem Schlaufzügel (oben), Ausbinder (Mitte) oder der Equilonge (unten).

Grundarbeit nur benutzt werden, um halbe Paraden zu üben, und auch Galopp verlangt man zunächst nur auf kurzen Passagen. Wenn es dem Pferd schwerfällt, auf dem engen Zirkel zu galoppieren, wenn es sich steif macht und immer wieder Paß oder Kreuzgalopp geht, verzichtet man zunächst ganz auf den Galopp. Das Pferd wird erst nur im Trab gründlich gearbeitet. Die Galopparbeit kommt dann zu einem späteren Zeitpunkt hinzu.

Geht der Fünfgänger an der Longe hauptsächlich Tölt und Paß, bemüht sich der Ausbilder immer wieder mit Tempounterschieden, das Pferd zum Traben zu animieren. Häufig bieten Fünfgänger auch einen gelaufenen Schaukelgalopp an. Gelingt es, daraus vorsichtig und geschickt langsamer zu werden, dann fallen sie meist von selbst in den Trab. Schließlich gibt es auch

Pferde, die erst anfangen zu traben, wenn sie mit der Equilonge oder dem Schlaufzügel gelernt haben, Hals und Kopf fallen zu lassen.

*Zur Abwechslung: freilaufenlassen*
Um möglichst viel Abwechslung in der Arbeit zu gewährleisten, kann der Ausbilder das Pferd jetzt ab und an in einer Reithalle oder einem festeingezäunten Dressurviereck freilaufen lassen. Es lassen sich - unterstützt von mindestens einem Helfer - dort dieselben Lektionen und Kommandos mit dem Pferd üben wie an der Longe. Das Freilaufen - nach demselben System aufgebaut wie die Longenarbeit (also zunächst nur mit Halfter, dann mit Halfter und Trense,

Beim Longieren soll das Pferd den Weg in die Tiefe finden und dabei eine nach oben gewölbte, tragfähige Rückenmuskulatur ausbilden.

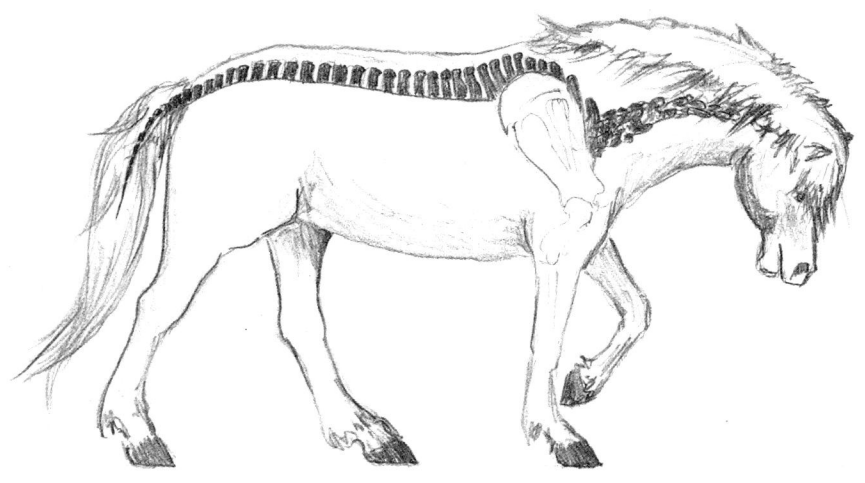

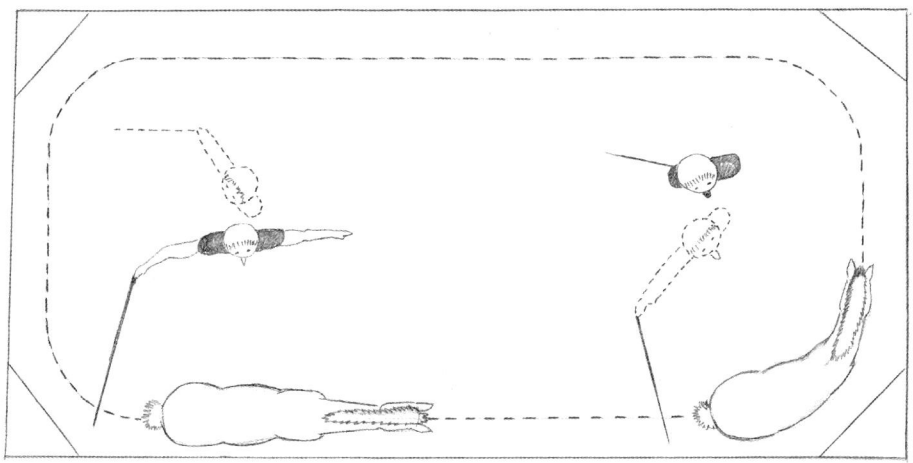

Beim Freilaufenlassen sollte sich der Ausbilder von mindestens einem Helfer unterstützen lassen. Auch hier gehen beide „Ausbilder" jeweils auf einem kleineren, inneren Hufschlag mit und treiben (wie beim Longieren) das Pferd von hinten.

dann mit Halfter, Trense und Sattel...) – kann das Longieren sogar ganz ersetzen. Es empfiehlt sich als Möglichkeit, dem Fünfgänger das Galoppieren beizubringen, weil die Pferde auf der ganzen Bahn mehr Platz haben und damit das Gleichgewicht – und auch den Trab – schneller finden. Schließlich kann das Handpferdereiten zum Traben-Lernen hilfreich sein, denn Bodenunebenheiten und abwechselnde Umgebung lassen die Pferde ebenfalls zum diagonalen Zweitakt tendieren.

# Das Einreiten des jungen Pferdes

## Das erste Aufsitzen

Am Tag, für den das erste Aufsitzen geplant ist, wird das Pferd ausgiebig ablongiert, freilaufen gelassen oder an der Hand mitgenommen. Vermutet der Ausbilder, daß das Pferd beim Aufsitzen Probleme machen könnte, kann er es vor dem ersten Aufsitzen ruhig ein wenig müde machen.

Gegen Ende der Vorbereitungsarbeit läßt man die Bügel herunterhängen – sie dürfen auch ein wenig gegen den Pferdebauch flattern oder gegen die Bande schlagen, damit das Pferd merkt, daß ihm nichts passiert. (Achtung, daß der äußere Bügel nicht in der Umzäunung hängenbleibt!)

Das erste Aufsitzen: Der Reiter macht das Pferd mit seinem Gewicht vertraut, indem er – den Fuß im Bügel – den Oberkörper vorsichtig über den Sattel legt und sich wieder auf den Boden gleiten läßt. Der Ausbilder steht am Kopf des Pferdes, hindert es am Vorwärtsgehen und redet beruhigend mit ihm.

Für das erste Aufsitzen hat sich der Ausbilder einen erfahrenen Reiter ausgesucht, der gut in die Bewegung eingehen kann. Dieser macht sich die Bügel zwei bis drei Loch kürzer. Er stellt das Pferd an der Bande oder in der Ecke auf, wobei darauf geachtet werden sollte, daß es beim Anführen nicht gewendet werden muß. Dann plaziert sich der Ausbilder im etwa 45-Grad-Winkel vor dem Pferd. Der Sattel wird gut angegurtet, und der Reiter macht das Pferd mit dem Gewicht vertraut, indem er – den Fuß im Bügel – den Oberkörper vorsichtig über den Sattel legt und sich wieder auf den Boden neben das Pferd gleiten läßt. Das wiederholt er zwei- bis dreimal – das Pferd wird jedesmal vom Ausbilder gelobt und belohnt. Dann schwingt er das Bein über die Kruppe, nimmt den rechten Bügel auf und läßt sich vorsichtig in den Sattel gleiten.

Wenn der Reiter sitzt und beide Bügel aufgenommen hat, wird das Pferd vom Ausbilder angeführt und zwei Runden im Schritt herumgeführt. Anschließend setzt der Leinenführer die ganz normale Longierarbeit fort. Der Reiter sitzt dabei passiv im Entlastungssitz und läßt sich locker mittragen – auch wenn das Pferd zunächst ein wenig schneller wird. Die meisten jungen Pferde merken nämlich sehr schnell, daß ihnen nichts passiert, und finden auch mit dem ungewohnten Gewicht im Rücken ihren Rhythmus. Achtung: Der Reiter sollte beim ersten Aufsitzen nicht von oben sprechen, denn empfindliche Tiere könnten sich erschrecken, weil sie die Stimme aus dieser Richtung nicht gewöhnt sind.

Im nächsten Stadium nimmt der Reiter die Zügel in die Hand und übernimmt allmählich mehr die Initiative; der Longenführer unterstützt ihn nur noch. Schließlich kann man vom Longierzirkel auf die ganze Bahn übergehen, ganz so, wie es das Pferd vom Freilaufen oder der Bodenarbeit her gewöhnt ist.

Analog zum Longieren kann das erste Aufsitzen natürlich auch auf der Reitbahn stattfinden, wenn das Pferd diese vom Freilaufen her kennt.

## Die Einwirkung mit dem Schenkel

Aus der Bodenarbeit und vom Longieren ist das Pferd bereits gewohnt, auf Stimm- und Gertenkommandos vorwärtszugehen. Beim Anreiten müssen nun immer zuerst beide Schenkel am Gurt einwirken und kurz darauf Stimme und Gerte. Wenn das Pferd über diese Kombination gelernt hat, daß nach dem Schenkeldruck immer die beiden gewohnten treibenden Hilfen kommen, wird es von sich aus bereits antreten, bevor Stimme und Gerte es auffordern. Das Loben des Pferdes zum richtigen Zeitpunkt ist dabei sehr wichtig.

## Das Ausreiten

Wenn das Pferd das Gehen im Gelände bereits vom Handpferdereiten gewohnt ist, kann man sehr rasch beginnen, auf vertrauten Strecken durchs Gelände zu reiten. Es empfiehlt sich, das Pferd vorher abzulongieren oder freilaufen zu lassen. Hatte der Reiter keine Gelegenheit, es als Handpferd ans Gelände zu gewöhnen, sollte er ihm den ersten Ausreitweg vorher in der Bodenarbeit zeigen. Wenn möglich, sollte sich der Ausbilder beim Ausreiten die ersten Male von einem Mitreiter helfen lassen.

Man sucht sich zunächst eine Strecke, auf der man das Pferd gefahrlos eine Weile im ruhigen Trab oder Galopp vorwärtslaufen lassen kann – so lange, bis es sich treiben läßt. Im Normalfall dauert das etwa zehn bis fünfzehn Minuten. Kommt der Reiter zum Treiben, kann er im Schritt nach Hause reiten.

Ein feines Gefühl für die Kondition ihres Pferdes müssen die Reiter entwickeln, deren Pferde in der Arbeit am Anfang panisch vorwärtsrennen. Zu leicht kommt man in Versuchung, diese Tiere zu überfordern, weil sie aus Angst mehr hergeben, als ihre Kondition eigentlich zuläßt. Sicherheitshalber müssen täglich die Beine kontrolliert werden, damit Verletzungen wie Ballen- oder Kronentritte, Überbeine oder dicke Sehnen rechtzeitig bemerkt werden.

Generell sollte der Reiter so schnell als möglich in seiner abwechselnden Arbeit zum Ausreiten kommen. Das macht den Pferden mehr Spaß als die Bahnarbeit, bietet mit der Wahl der Wege die Möglichkeit, die Gänge zu beeinflussen (im weichen, tiefen Boden traben die Pferde zum Beispiel lieber), und hilft beiden damit, schnell die Balance zu finden.

Ziel dieses Ausbildungsstadiums ist es, daß die Pferde ruhig, aber freudig vorwärtsgehen und immer besser ihr Gleichgewicht finden. Jetzt sind auch Ausbinder oder Equilonge überflüssig geworden, die Trense wird normal verschnallt.

Temperamentsprobleme sollte der Ausbilder jetzt keinesfalls mit Zwangsmaßnahmen korrigieren. Ist das Pferd zu heftig und rennt zuviel, nützt es nichts, wenn der Reiter es dauernd über die Hand zu bremsen versucht. Viel größer ist der Effekt, wenn die Bahnarbeit so lange gesteigert wird, bis der Reiter zum Treiben kommt. Mit ruhigen, weniger gehfreudigen Pferden hingegen sollte man seltener in die Bahn gehen und viel mehr ausreiten.

Ganz allmählich kommt bei der Bahnarbeit nun das Reiten von Wendungen hinzu. Der Reiter legt Wert darauf, immer besser mit den halben Paraden durchzukommen. Er übt das Angaloppieren in den Ecken, Tempounterschiede in allen Gangarten, Vorhandwendungen und Schenkelweichen.

## Das Pferd lernt die Paraden

Der Reiter macht es sich zunutze, daß das Pferd die beruhigenden Stimmkommandos aus der Bodenarbeit kennt. Zunächst pariert er es im Prinzip nur mit der Stimme, wobei schon jetzt der Zügel immer unterstützend einwirkt. Je mehr das Pferd das Signal am Zügel als Aufforderung zum Langsamerwerden deutet, desto mehr kann der Reiter zum korrekten Zusammenwirken der Hilfen kommen, bei dem an der Parade letztlich Schenkel, Gewicht, Kreuz und Hand mitwirken.

## Das Pferd lernt zu wenden

Zunächst führt der Reiter sein Pferd am inneren Zügel in die Wendung, indem er die Hand deutlich nach innen in die Bahn nimmt, und begrenzt diese, indem er wie in der Bodenarbeit mit der Gerte außen die Richtung angibt. Ganz allmählich wird das Signal mit der Gerte und das Führen am inneren Zügel weniger. Im gleichen Maß geht der Reiter zu den korrekten Hilfen über.

## Das Pferd lernt die Vorhandwendung

Ein Pferd lernt die Grundbegriffe der Vorhandwendung in der Bodenarbeit und wird beim Longieren grundsätzlich

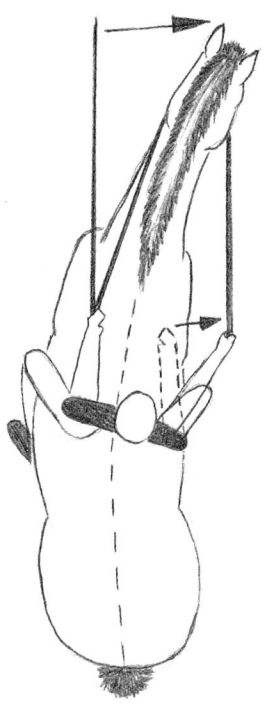

Das Pferd lernt zu wenden, indem der Reiter die innere Hand deutlich in die Wendung hineinnimmt (und damit den korrekten Drehsitz einnimmt) und außen mit der nach vorne zeigenden Gerte wie in der Bodenarbeit die Wendung begrenzt.

mit einer Art Vorhandwendung gewendet. Der Ausbilder stellt sich dabei neben das Pferd und tippt es mit der Gerte an der Hinterhand an.

Gleichzeitig verhindert er mit einer Parade an der Führkette ein Vorwärtstreten. Das Pferd weicht zur Seite aus. Auf diese Weise wird die Hinterhand Schritt für Schritt um die Vorhand geführt.

Diese Übung kann nach einigem Reiten auch an der Bande gemacht werden: Der Reiter steigt ab, stellt sich zwischen Bande und Pferd auf den Hufschlag und treibt das Pferd wie beim Longieren mit der Hinterhand um die Vorhand herum. Wenn das Pferd verstanden hat, was der Reiter von ihm will, versucht er von oben – mit dem ähnlichen Effekt wie beim Antreiben zum Vorwärtsreiten – das Pferd mit der Hinterhand um die Vorhand herumtreten zu lassen. Dabei sind die letzten beiden Tritte die schwierigsten, weil das Pferd dann ohne Bande die Gertenhilfe leicht als Aufforderung zum Vorwärtsgehen mißdeutet und die Paraden schlechter durchkommen. Leichter haben es Reiter und Pferd, wenn sie am Anfang von einem geübten Helfer oder Reitlehrer am Boden unterstützt werden. Im fortgeschrittenen Stadium wird die Vorhandwendung nur noch im Innern der Bahn gemacht.

## Das Pferd lernt das Schenkelweichen

Im Bahninneren wird die Vorhandwendung dann nämlich zum Schenkelweichen erweitert: Der innere Schenkel treibt wie bei der Vorhandwendung, die annehmenden beziehungsweise durchhaltenden Zügelhilfen aber beeinflussen das Pferd jetzt nicht mehr zum Stehenbleiben. Nach ein bis zwei Seitwärtstritten macht sich das Pferd nach vorne

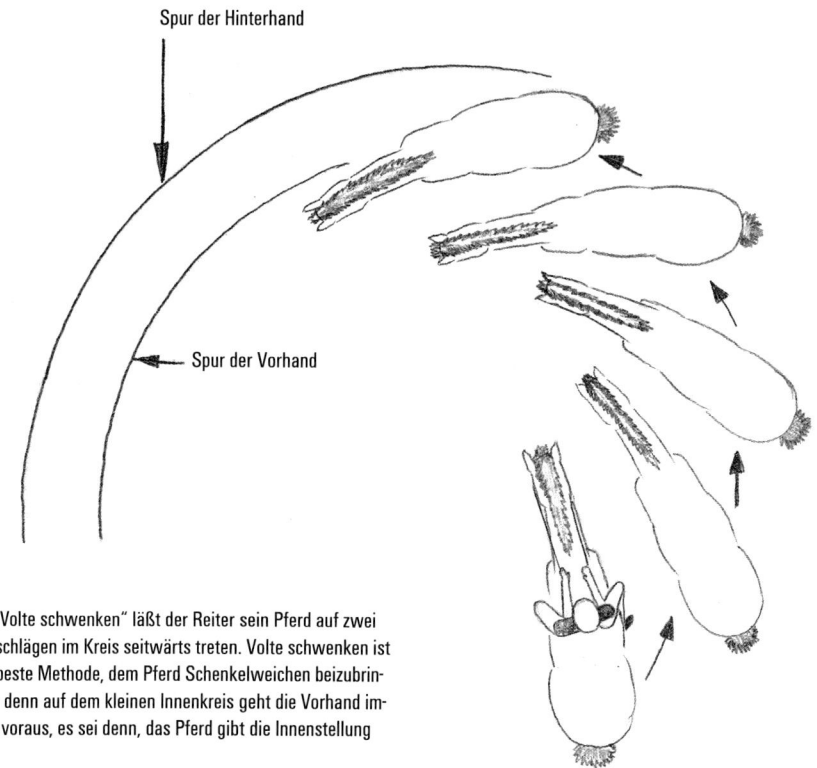

Spur der Hinterhand

Spur der Vorhand

Im „Volte schwenken" läßt der Reiter sein Pferd auf zwei Hufschlägen im Kreis seitwärts treten. Volte schwenken ist die beste Methode, dem Pferd Schenkelweichen beizubringen, denn auf dem kleinen Innenkreis geht die Vorhand immer voraus, es sei denn, das Pferd gibt die Innenstellung auf.

Luft (wenn nicht, ist in der Vorhandwendung grundsätzlich zu wenig vorwärtsgeritten worden), und mit einem jetzt verzögerten Einfangen läßt der Reiter die Vorhand auf einem kleineren Kreis mittreten, der sich allmählich zur Volte und zum Zirkel-Schwenken ausweitet. Schließlich läßt sich das Pferd vorwärts-seitwärts verschieben (Viereck verkleinern und vergrößern), wobei die Vorhand immer vorausgehen muß. Im Volte-Schwenken (= Schenkelweichen auf gebogener Linie), das ist der Vorteil dieser Lehrmethode, ist das immer gewährleistet, es sei denn, das Pferd gibt die Innenstellung auf.

Ein Schenkelweichen, bei dem das Pferd gegen die Bande oder einen Zaun gestellt wird und an diesem entlang seitwärts gehen soll, halten wir nicht für sinnvoll. Denn das Pferd kann dabei nur seitwärtsgehen, auch dann, wenn das Zusammenwirken der Hilfen nicht stimmt und die Stellung fehlt oder falsch ist. Die Übung artet damit in eine Strafmaßnahme aus.

## Das Pferd lernt Rückwärtsrichten

Auch das Rückwärtsrichten lernt das Pferd in der Bodenarbeit kennen. Der Ausbilder stellt es parallel zur Bande auf dem ersten Hufschlag auf und plaziert sich selbst mit Blick nach hinten vor der Schulter des Pferdes. Mit der Führkette gibt er eine leichte Parade, setzt ein lautes »Zurück« als Stimmhilfe ein und tippt das Pferd mit der Gerte leicht am Bug oder an den Vorderbeinen an.

Anfangs sollte der Ausbilder mit einem halben Schritt zufrieden sein. Wenn das Pferd Mühe mit dem Rückwärtstreten hat, muß er es dazwischen immer wieder anführen, weil es sich mit jedem Schritt zurück enger macht und die Lektion dadurch immer schwieriger wird. Der Ausbilder riskiert also Widerstände.

Um seinem Pferd das Rückwärtsrichten beizubringen, stellt der Ausbilder es parallel zur Bande und plaziert sich selbst mit Blick nach hinten etwa auf der Höhe der Pferdeschulter. Mit der Führkette gibt er eine Parade, setzt ein lautes „Zurück" als Stimmhilfe ein und tippt dabei das Pferd mit der Gerte leicht am Bug oder an den Vorderbeinen an.

Nach jedem Schritt wird dem Pferd zunächst eine Pause gegönnt, bis es schließlich mehrere Schritte flüssig rückwärtsrichten kann. Wenn das Pferd die Lektion in der Bodenarbeit gelernt hat, kann der Reiter wie bei der Vorhandwendung vorgehen. Auch hier erleichtert ein Helfer die Arbeit.

## Das Pferd lernt die Hinterhandwendung

Mit der Hinterhandwendung kann erst begonnen werden, wenn das Pferd den seitwärtstreibenden Schenkel am Gurt sowie hinter dem Gurt anzunehmen gelernt hat (Schenkelweichen, Galoppstellung). Der Reiter übt zunächst Kurzkehrtwendungen, bei denen die Hinterhand im Kreis (kleine Volte) mittreten kann, bis das Pferd im minimalen Halbkreis mit den Hinterbeinen vorwärtsseitwärts, fast auf der Stelle tritt, während die Vorhand um die Hinterbeine herumgeht. Der Vorteil dieser Übungsreihe besteht darin, daß die Vorwärtsbewegung erhalten bleibt.

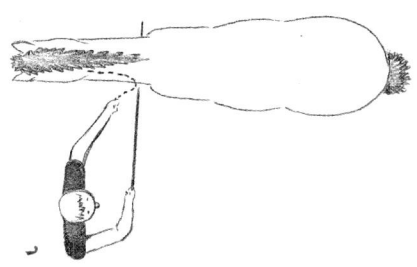

# Die natürliche Schiefe

Spätestens bei der Bahnarbeit, wenn er das Reiten auf gebogenen Linien übt, kommt der Reiter an einen Punkt, an dem er sich überlegt, warum eigentlich sein Pferd sich auf der einen Hand (meist der linken) besser wenden läßt als auf der anderen.

Der Grund ist folgender: Jedes Pferd ist von Natur aus mehr oder weniger schief, das heißt, ein Hinterbein ist kräftiger und geschickter als das andere. Analog dazu ist der Mensch Links- oder Rechtshänder, und auch ein Fußballspieler kickt mit einem Bein lieber und kann sich nur mit sehr viel Fleiß und Talent auf beiden Füßen gleich stark machen.

Das schiefe Pferd stellt ein Hinterbein stärker unter den Körper als das andere - es setzt dieses Hinterbein quasi zwischen die Spuren der beiden Vorderbeine. Die daraus resultierende Schiefe läßt sich übrigens auch bei Hunden gut beobachten. Vom weiter untergesetzten Hinterbein geht - weil es stärker ist - mehr Kraft aus, die dann gegen die gleichseitige Schulter drückt.

*Was der Reiter fühlt*
Für den Reiter fühlt sich das Ergebnis dieser Beobachtung wie folgt an: Das Pferd geht auf der steifen Seite gegen den Zügel und den Schenkel und macht sich auf der weichen Seite fast von selbst hohl, läßt sich von Haus aus besser stellen. Mancher Reiter wird das auch schon daran festgestellt haben, daß er im Dressurviereck oder der Reithalle auf einer Seite (steife Seite außen) immer wieder mit dem Steigbügel gegen die Bande schlug, während ihm das auf der anderen Seite nie passiert ist (weiche Seite außen).

*Die Folgen für das Reiten*
Will der Reiter sich und dem Pferd nicht selbst das Leben schwermachen, will er sein Pferd richtig lösen, damit es ihn bequem sitzen läßt, so muß er mit der natürlichen Schiefe umgehen lernen - aus folgenden Gründen: Erstens setzt das schiefgehende Pferd den Reiter schief hin, weil die Rückenmuskulatur auf der steifen Seite höher ist. Treibt der Reiter, ohne diese Schiefe zu beachten, sein Pferd mit Gewicht und Kreuz, so trainiert er, weil er schief sitzt, unbewußt immer das Hinterbein, das ohnehin schon mehr Gewicht übernimmt. Das Pferd wird sich dadurch aber immer steifer machen.

Viele Reiter versuchen zweitens als Reaktion auf die Schiefe, das Pferd auf der steifen Seite weich zu machen, indem sie auf dieser mit der Hand und vielleicht noch mit dem Schenkel einwirken und, ist das Pferd auf der rechten

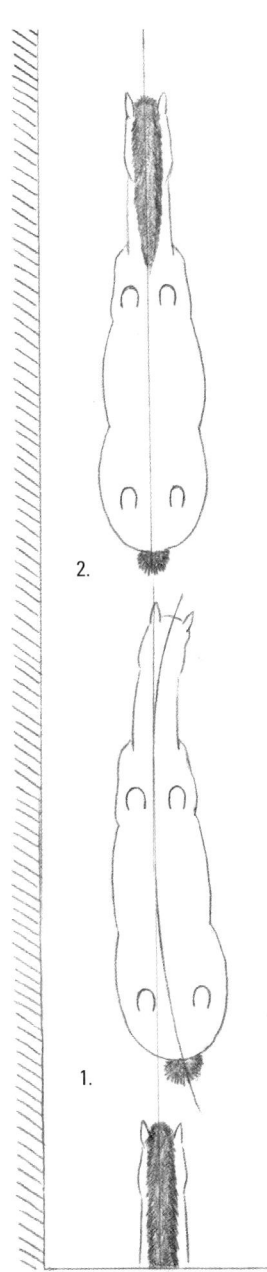

2.

1.

Hand steifer, viele Rechtsvolten reiten. Aber dadurch wird die natürliche Schiefe meist schlimmer. Denn in der Parade führt die Hand immer der gleichseitigen Hinterhand mehr Gewicht zu. Nimmt der Reiter auf der steifen Seite also mehr an, trainiert er ständig das Hinterbein seines Pferdes, das ohnehin schon stärker ist. Damit macht er das Pferd einseitig immer schiefer.

*»Korrektur« der natürlichen Schiefe*
Der Reiter darf das Pferd also nicht auf der steifen Seite weich machen, sondern er muß es »überreden«, sich auf der weichen Seite an das Gebiß heranzustrekken. Mit Gewicht und vor allem mit Kreuz treibt er es gegen die innere, weiche Hand. Das Pferd soll auf dieser Seite die Hand annehmen und wird dann auf der steifen Seite von selbst weich.

Darum muß der Reiter beim Geradeausreiten wie in den Wendungen bemüht sein, das Pferd geradezurichten – auch wenn die natürliche Schiefe geradeaus weniger ins Gewicht fällt. Er muß auf geraden wie auf gebogenen Linien sein Pferd in einer Stellung reiten, damit es die Rückenmuskulatur entspannen

Die natürliche Schiefe: Jedes Pferd ist von Natur aus mit einem Hinterbein geschickter als mit dem anderen (es ist also Rechts- oder Linkshänder, wie der Mensch auch). Das kräftigere, geschicktere Hinterbein setzt das Pferd stärker unter den Körper als das andere (1). Will er sein Pferd richtig lösen, muß der Reiter diese natürliche Schiefe bei jedem Reiten neu korrigieren und das Pferd geraderichten (2).

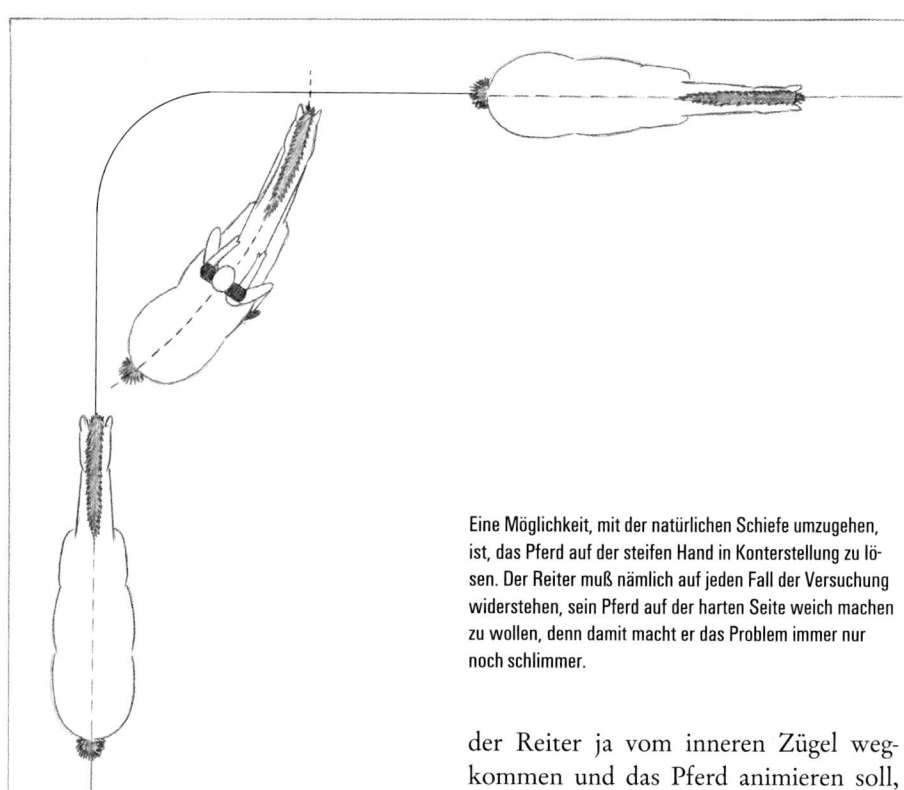

Eine Möglichkeit, mit der natürlichen Schiefe umzugehen, ist, das Pferd auf der steifen Hand in Konterstellung zu lösen. Der Reiter muß nämlich auf jeden Fall der Versuchung widerstehen, sein Pferd auf der harten Seite weich machen zu wollen, denn damit macht er das Problem immer nur noch schlimmer.

kann. Das heißt: Auf der steifen Seite wird es entweder mit Innenstellung geritten – also am inneren Schenkel getrieben, Gewicht innen belastend, Kreuz innen vermehrt angespannt und am inneren Zügel gestellt. Das Pferd soll dabei den inneren, steiferen Muskelstrang entspannen und den Reiter dort sitzen und einwirken lassen. Diese Innenstellung ist aber nur sehr schwer zu erreichen, weil der Reiter ja vom inneren Zügel wegkommen und das Pferd animieren soll, den äußeren Zügel anzunehmen. Schwächere Reiter haben dabei oft mit der Koordination ihrer Hilfen Schwierigkeiten und steigern sich leicht in einen Kampf mit ihrem Pferd hinein.

Deshalb gibt es auch die Möglichkeit, das Pferd auf der steifen Hand mit Konterstellung zu lösen. Das heißt, der Reiter läßt sein Pferd nach außen gestellt (innen = Mitte der Bahn) und kehrt auch seinen Drehsitz um: Der äußere Schenkel treibt am Gurt, der innere Schenkel verwahrt hinter dem Gurt, der äußere Gesäßknochen wird verstärkt belastet, das Kreuz treibt außen (Hüfte mehr vorschieben). Mit der äußeren Hand versucht der Reiter, Kontakt mit dem Pferdemaul zu bekommen, die innere Hand sollte dem Druck immer wieder ausweichen. Wenn daraufhin die Schiefe in der Arbeit oft wechselt, das Pferd also für kurze Zeit auf der einen, dann wieder auf der anderen Seite steif ist, dann ist der Reiter auf dem richtigen Weg.

Häufige Gangarten- und Tempowechsel können sehr nützlich sein, weil dabei beide Hinterbeine des Pferdes frei nach vorne treten und immer wieder Last übernehmen. Auch die Erkenntnis, daß die natürliche Schiefe bei verspannten Pferden bei lateralen und diagonalen Bewegungen die »Seite« wechselt, kann eine weitere Möglichkeit aufzeigen, die natürliche Schiefe zu beseitigen.

Erst wenn das Pferd auf gebogenen und geraden Linien an beide Zügel gleichmäßig herantritt, hat der Reiter sein Ziel erreicht. Das Pferd hat sich in der Rückenmuskulatur gelöst, die natürliche Schiefe ist für diese Arbeitsstunde behoben. Der Umgang mit der natürlichen Schiefe erfordert viel Kenntnis und Geschick des Reiters, denn die Arbeit daran ist bei jedem neuen Reiten in der Lösungsphase nötig und muß in jeder Ausbildungsstufe neu angegangen werden.

# Die Haltung des Pferdes

Grundsätzlich ist die Haltung des Islandpferdes im Tölt am erhabensten – der Viertakt steht deshalb im Zentrum des Gangverteilungsschemas (siehe S. 66). Die Haltung ist ein sehr wichtiges Kriterium bei der Beurteilung des gerittenen Pferdes, so wichtig, daß viele Ausbilder nicht widerstehen können, mit Zwangsmaßnahmen eine gewünschte äußere Form zu erzwingen. Sie machen damit sich selbst etwas vor und versuchen ihren Zuschauern einen höheren Ausbildungsstand des Pferdes vorzugaukeln. Denn die Haltung eines gutgerittenen Pferdes ändert sich mit dem Grad der Ausbildung. Sie wird immer stolzer, erhabener, ausdrucksstärker und harmonischer, weil sie das Ergebnis ist, wenn das Pferd mit aktiver, tragender Hinterhand losgelassen und geschmeidig gehen kann.

# Haltung und Gangverteilung

Haltung ist für die Islandpferdereiterei auch deshalb ein ungemein wichtiges Thema, weil die natürliche Veranlagung in diesem Punkt abhängig ist von der Gangverteilung des Pferdes. Aus folgendem Grund: Bei trabveranlagten Pferden ist die Hinterhand - und mit ihr beginnt die Haltung - von Natur aus im Bewegungsablauf weiter untergesetzt als bei paßveranlagten Pferden. Bei letzteren muß also die Tragkraft der Hinterhand viel stärker trainiert werden, bis sie den Gesamtkörper tragen kann und damit eine aus der Versammlung resultierende Haltung möglich macht. Grundsätzlich brauchen Fünfgänger deshalb zunächst viel mehr Tempo, um sich auszubalancieren - das heißt, um das gemeinsame Gleichgewicht von Reiter und Pferd zu tragen. Kann diese Hinterhand schließlich Gewicht übernehmen, fördert das die Wendigkeit und Durchlässigkeit des Pferdes.

Ein Beispiel soll dies verdeutlichen: Viele Fünfgänger lassen den Reiter in der Galoppausbildung auf Probleme stoßen, wenn sie durch die Ecke galoppiert werden sollen. Sie kommen auf die Vorhand, tendieren zum Paß, machen sich steif, der Reiter kann nicht mehr sitzen. Weil diese Pferde Mühe mit der Biegung haben, kommen sie oft so tief und steif in die Ecke, daß selbst manches gehorsame Pferd fast ungewollt über die Umzäunung springt. Die Schwierigkeit, das gemeinsame Gleichgewicht zu halten, läßt die Pferde nämlich nach außen driften, der Sprung über den Zaun bewahrt sie vor dem Sturz. Aus Verzweiflung retten sich manche Pferde in den Kreuzgalopp, um so in der Kurve das andere Hinterbein mehr zur Arbeit heranzuziehen.

# Der negative Bewegungsablauf

Versucht der Reiter nun, das Problem zu beheben, indem er dem Pferd den Hals hochzwingt, wenn es in der Ecke zu tief kommt, wird er damit keinen Erfolg haben. Denn wenn auf diese Weise der Rahmen des Pferdes verkürzt wird, kommt im Endeffekt der Schwerpunkt zwar mehr in Richtung Hinterhand, das Pferd bleibt aber mit der Schulter tief und im Rücken fest. Im Körper hat das Pferd also genau die gleiche Form wie zuvor, der Reiter spürt noch immer das Vorwärts-Abwärts-Gefühl. Vor dem Sattel ist ein »Loch«, es ist keine Schulter-

Ein Pferd hat dann eine ausdrucksstarke, stolze, erhabene, harmonische Haltung, wenn es mit aktiver, tragender Hinterhand losgelassen und geschmeidig gehen kann. Gelingt es dem Reiter nicht, sein Pferd zu lösen, bleibt es im Rükken fest und mit der Schulter tief. Beim Aufrichten wird der Schwerpunkt × nach hinten verlagert, gleich ob das Pferd die Nase tief hält oder in Kopf und Hals „aufgerichtet" ist.

bewegung zu spüren, das Pferd läßt nicht sitzen, der Reiter schwebt quasi über dem Pferd. Dieses Phänomen wollen wir als negativen Bewegungsablauf bezeichnen.

Steife Pferde neigen prinzipiell zum negativen Bewegungsablauf. Deutlich zu spüren ist dieser zum Beispiel beim trabveranlagten steifen Viergänger, der im Tölt nicht richtig gearbeitet ist und über die Hand getöltet wird. Diese Pferde richten sich falsch auf, weil sie im wahrsten Sinne des Wortes nach oben gezogen sind: Der Kopf kommt dem Reiter entgegen, das Pferd drückt die Unterhalsmuskulatur nach vorne, im Extremfall sind die Nüstern der höchste Punkt. Die Schulter bleibt tief, Rücken und Kruppe sind oben, das Pferd geht im Körper bergab.

Oben: Steife Pferde neigen prinzipiell zum negativen Bewegungsablauf: Zum Beispiel der zum Trab steife Viergänger, der im Tölt nicht richtig gearbeitet ist und über die Hand getöltet wird. Er richtet sich falsch auf, der Kopf kommt dem Reiter entgegen, das Pferd drückt die Unterhalsmuskulatur nach vorne. Die Schulter bleibt tief, Hinterhand und Kruppe sind oben. Das Pferd geht im Körper bergab.

1.    2.

# Der positive Bewegungsablauf

Dieser negative Bewegungsablauf wird erst dann positiv, die Haltung dieser Pferde erst dann gut, wenn sie so schnell laufen müssen, daß sich der ganze Körper streckt. Dadurch wird der Rücken lang und durchlässig, die Kraft der Hinterhand kommt nach vorne und nimmt die Schulter mit nach oben. Der geschickte Ausbilder kann bei solchen Pferdetypen also die Haltung verbessern, wenn er mit dem Tempo »spielt«.

Unten: Der Reiter kann die Haltung seines Pferdes zum positiven Bewegungsablauf (tiefe Kruppe und Hinterhand, gelöste Rückenmuskulatur, hohe Schulter) verändern, indem er mit dem Tempo spielt. Er reitet sein Pferd vorwärts und nimmt es immer wieder nur so weit zurück, wie der positive Bewegungsablauf erhalten bleibt.

Das heißt, er reitet das Pferd fleißig vorwärts und nimmt es immer wieder nur so weit zurück, wie der positive Bewegungsablauf erhalten bleibt - mit der Tendenz, auf diese Art immer langsamer zu werden (siehe auch Töltausbildung). Grundsätzlich sollte ein Reiter mit seiner Arbeit an dem Punkt einhaken, an dem das Pferd den positiven Bewegungsablauf (aktive Hinterhand, losgelassener Rücken, Schulter oben) von selbst anbietet. Er sollte also immer wieder die Situationen herbeiführen, bei denen das Pferd sitzen läßt, bei denen der Reiter die Schulterbewegung vor dem Sattel spürt, weil das Pferd im Rücken so tief schwingt, daß mancher das Gefühl mit »tanzen« beschreibt. Günstig ist es also

3.     4.

zum Beispiel, temperamentvolle, scheue Pferde in fremder Umgebung zu reiten: Wenn sie guckig sind, kommt der Reiter nämlich gut zum Treiben. Schulter- und Rückenbewegung lassen sich dann toll erspüren, das Pferd richtet sich im positiven Bewegungsablauf merklich auf. Oder will der Reiter einmal fühlen, wie sein Pferd im positiven Bewegungsablauf traben kann, sollte er es ausgesessen über Cavalettis reiten.

Doch nicht nur im Spiel mit dem Tempo lassen sich Pferde immer wieder in den positiven Bewegungsablauf bringen. Pferde mit sehr gutem Schritt können aus diesem auch immer weiter ins Tempo gesteigert werden. Sobald der Reiter ein Kippen in den negativen Bewegungsablauf spürt, muß er sein Pferd mit halben Paraden zurücknehmen und wieder »setzen«. Ganz allmählich erreicht er auf diese Art immer mehr Tempo im positiven Bewegungsablauf.

Der Ausbilder sollte aber dabei stets

Ein „Gaedingur". Das Pferd läßt den Reiter sitzen. Er spürt die Schulterbewegung, weil das Pferd im Rücken so tief schwingt, daß mancher begeisterte Reiter das Gefühl auch mit „tanzen-lassen" umschrieben hat. Je mehr der Reiter zum Treiben kommt, umso besser kann er sein Pferd „setzen", desto erhabener wird es gehen und desto besser wird es sich anfühlen.

im Hinterkopf behalten, daß die äußere Form des Pferdes sehr individuell ist – je nach Körperbau und Gangverteilung kann eine höhere oder tiefere Einstellung von Kopf und Hals notwendig sein.

Richtig ist die Arbeit immer dann, wenn es gelingt, den positiven Bewegungsablauf zu fördern oder zu erhalten. Kontrolle für den Reiter ist meist das gute Sitzgefühl.

# Die Gangarten

Will der Reiter ein Gangpferd ausbilden, muß er umdenken und zunächst von der Theorie der klar getrennten Gangarten wegkommen. In einem ersten Schritt muß er die Veranlagung seines Pferdes begreifen als Fähigkeit, mehr oder weniger fließend von der lateralen zur diagonalen Bewegungsform und zurück zu variieren. Reiter, die Gelegenheit haben, Fünfgängerfohlen auf der Weide zu beobachten, werden es bestätigen: Selten halten diese Fohlen einen Gang über längere Strecken. Nahezu stufenlos wechseln sie vom Paß zum Paßtölt zum Tölt und manchmal zum Trabtölt und Trab. Sie kommen aus dem Vierschlaggalopp zum Paß oder Tölt und umgekehrt.

Aus der Verwandtschaft der natürlichen Bewegungsformen läßt sich für das Islandpferd ein Gangschema entwerfen wie auf Seite 66 gezeigt.

Will der Ausbilder ein gelöstes Pferd, das sich in jeder Gangart bequem sitzen läßt, das die Hilfen des Reiters immer locker durchläßt, gleich ob es trabt, töltet, galoppiert, Paß oder Schritt geht, so muß er die natürlichen Gangvariationsmöglichkeiten erhalten. Er muß sein Pferd in allen Gängen verschieben können zum Tölt, zum Viertakt. Denn nur wenn die Rückenmuskulatur des Pferdes weder lateral noch diagonal einseitig trainiert ist, wird sich das Pferd in keine der beiden Richtungen festmachen.

## Das Ziel: Viertakt

Nach der Grundausbildung des Pferdes muß der Ausbilder sich bei der weiteren Arbeit möglichst ins Zentrum des Kreisschemas der Gangarten bewegen und erst im Laufe der Spezialausbildung an

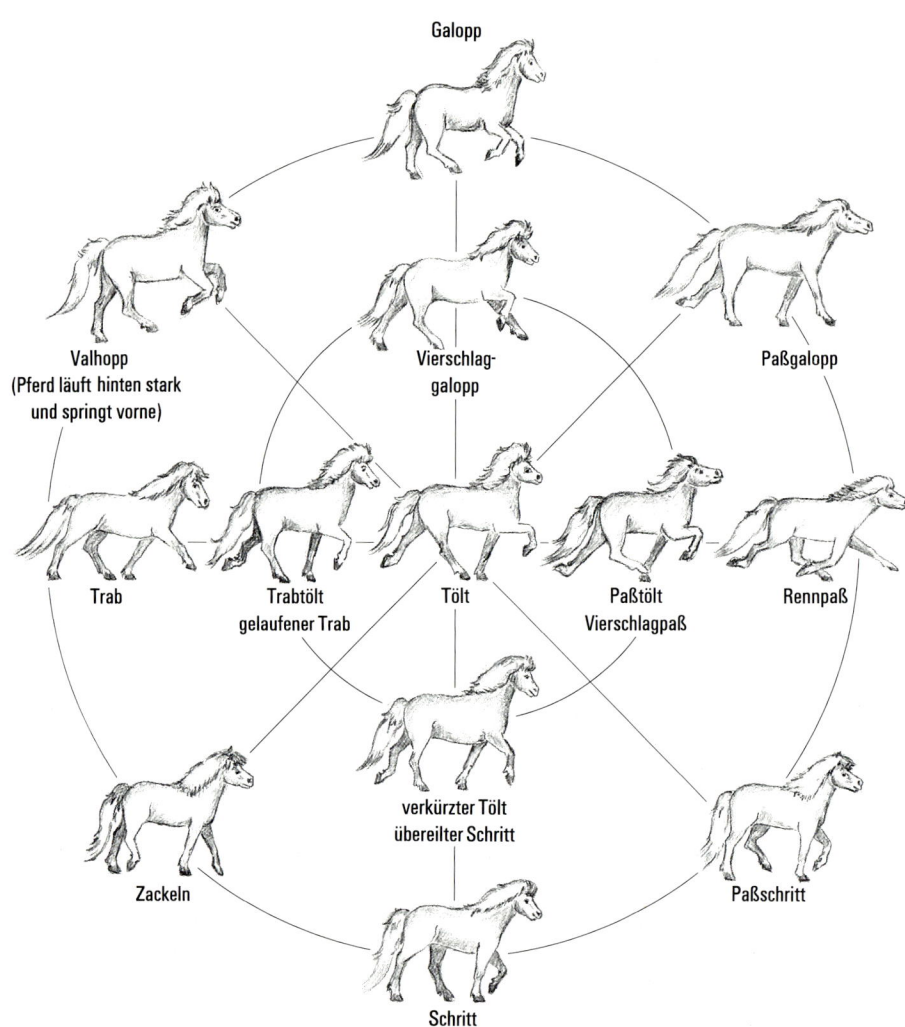

Das Gangschema: Der Tölt ist der Mittelpunkt, weil das
Pferd beim Tölten von Natur aus die erhabenste Haltung
hat. Der Reiter kann es in den Trab, Paß, Galopp oder
Schritt herauslaufen und sich dabei strecken lassen und
sollte es, im Idealfall, harmonisch aus jedem Gang in Richtung Tölt (reinem Viertakt) verschieben können.

seine Ränder kommen. Ziel ist zunächst also der Tölt, in dem das Pferd von Natur aus die erhabenste Haltung hat. Bildet er sein Pferd zuerst in den Grundgangarten oder im Paß aus und kommt damit vom Zentrum (Ziel: Viertakt) immer weiter weg, wird dieses Mühe haben, locker zu tölten. Es wird sich vielmehr aus dem absolut zum Zweitakt hin ausgebildeten Trab nur in den verspannten Paß umstellen lassen. Der Tölt wird »übersprungen«, denn aus dem vermeintlichen Supertrab geht das Pferd in den Paßtölt über, oder es taucht aus dem verspannten Paßtölt erleichtert in den Trab und rennt mit beeindruckenden Bewegungen los. Das im Trab schon weit zum Zweitakt ausgebildete Pferd wird immer hackigen Tölt gehen, mit tiefer Schulter und hohem Hals. Denn es bleibt im Tölt immer absolut aufgerichtet, weil es sich nicht über den Viertakt hinaus zum Paßtölt und damit in die Streckung verschieben läßt.

Nur wenn es dem Reiter gelingt, sein Pferd immer wieder in die Mitte des Bewegungsschemas zu verschieben, wenn er es vom Zwei- oder Dreitakt immer wieder spielerisch und geschmeidig zum Viertakt hin verschieben kann, wenn es aus dem Paß ebenso wie aus dem Galopp oder Trab mit halben Paraden allmählich in den Tölt zurückfindet, wird der Reiter bequem sitzen und mit Kreuz- und Schenkeleinwirkung reiten können. An die extreme Grenze (den äußeren Kreis des Schemas) soll der Reiter

sich also nur in dem Maße herantasten, wie ein Rückweg zum Viertakt mühelos möglich ist.

## Neues zum Thema Kreuzeinwirkung

Beobachtungen machen es deutlich: Sobald sich das Pferd zu sehr in die laterale Bewegungsrichtung festmacht und in den negativen Bewegungsablauf kommt, ist es für den Reiter überhaupt nicht mehr möglich, Kreuz und Schenkel richtig einzusetzen. Dies läßt sich wie folgt erklären: Geht das Pferd Trab, stark gelaufenen Trab oder Tölt, sorgt das diagonale Beinpaar dafür, daß eine wellenförmige Auf-und-Ab-Bewegung durch Pferderücken und Schweif geht. Diese Bewegung gibt dem Reiter den Rhythmus vor, in dem er die Hüfte passiv mitschwingen lassen oder zur verstärkten Kreuzeinwirkung nach vorne schieben kann. Betont das Pferd aber die Laterale, so endet das rhythmische Auf und Ab des Rückens von hinten nach vorne. Die Bewegung kippt jetzt seitwärts und nimmt abwechselnd die rechte und die linke Hüfte des Reiters mit nach vorne. Der Reiter kann nicht mehr harmonisch in der Bewegung mitgehen, weil es anatomisch fast unmöglich ist, in diesem Tempo abwechselnd die linke und rechte Hüfte nach vorne zu schieben. Er muß mit dem Gesäß nach hinten ausweichen, rundet dabei seinen Rücken oberhalb des Beckens, streckt die Beine nach vorne und bringt mehr Gewicht auf den Steigbügel, weil er sich dort abfängt, um das Gesäß ruhig zu halten. Ganz typisch ist in der lateralen Bewegung außerdem ein Seitwärts-Schlenkern der nach vorne gestreckten Beine, weil es auf einem paß-artig gehenden Pferd kaum möglich ist, den Schenkel anzulegen. Und ohne Halt mit dem Schenkel ist - da schließt sich der Kreis - keine aktive Kreuzeinwir-kung möglich.

Um sein Pferd nach allen Gangvarian-ten hin offen zu halten, um es stets von jedem Randbereich des Kreisschemas stufenlos hin zum reinen Viertakt reiten zu können, wird der Ausbilder sein Pferd mit halben Paraden in seiner Ge-samthaltung hin- und herschieben müs-sen zwischen Zusammenstellen und Strecken-Lassen. Zur Erinnerung: Zu je-der halben Parade gehört automatisch das Nachgeben - auf jedes Zusammen-stellen muß ein Strecken-Lassen folgen, damit das Pferd sein Gleichgewicht fin-den kann.

Mancher Reiter wird die verblüffende Wirkung dieses Hin und Her selbst schon gespürt haben, zum Beispiel dann, wenn er ein Pferd hat, das eher zur late-ralen Spannung tendiert, von Natur aus eher gestreckt geht und sich schlecht treiben läßt. »Höhenflüge« haben solche Pferde, wenn sie in ungewohntem Ge-lände geritten oder von etwas Neuem in der Umgebung abgelenkt werden, wenn sie also an der einen oder anderen Ecke auch mal »guckig« sind. Dann richten sie sich auf, werden enger und kürzer, tre-ten besser unter, der Reiter kommt end-lich einmal zum Treiben, und der Tölt wird taktklar oder sogar trabartig.

Das tolle Gefühl, das der Reiter bei solchen Höhenflügen seines Pferdes hat, kommt aus dem tiefer schwingenden Pferderücken. Der Reiter wird in der Wellenbewegung so weit mit nach unten ins Pferd genommen, daß er die Schulter vor dem Sattel »spürt«. Die Hinterhand ist tief, das Pferd geht im Körper berg-auf - und sieht auch für den Betrachter viel besser aus als eines, das nur die Bei-ne hebt. Ein Pferd, das nur die Beine hebt, kann zwar Aktion haben, aber die Schulter bleibt tief, es geht im Körper bergab - was sich viele Betrachter nicht vorstellen können, wenn sie das Gefühl von oben nicht kennen.

Rechts oben: Die diagonale Trabbewegung sorgt dafür, daß eine wellenförmige Auf- und Abbewegung durch den Pferde-rücken und -schweif geht. Diese Bewegung gibt den Rhyth-mus vor, in dem der Reiter die Hüfte passiv mitschwingen oder zur verstärkten Kreuzeinwirkung nach vorne schwin-gen läßt.

Rechts unten: Betont das Pferd die Laterale, so endet das rhythmische Auf und Ab des Pferderückens von hinten nach vorne. Die Bewegung kippt seitwärts und nimmt ab-wechselnd die rechte und linke Reiterhüfte mit nach vorne. Der Reiter kann diese Bewegung nicht (oder nur sehr schwer) sitzen: Er weicht mit dem Gesäß nach hinten aus, rundet den Rücken, streckt die Beine nach vorne. Eine akti-ve Kreuzeinwirkung ist nicht mehr möglich.

## Das Spiel mit den Gangarten

Der Ausbilder kann es sich aber auch zunutze machen, daß das Pferd im Tölt mit einer vergleichsweise hohen Aufrichtung geht. Braucht er mehr Streckung, weil sich sein Pferd zu eng macht, läßt er es immer wieder in den Trab, Galopp oder Paß hineinlaufen, denn dafür muß es sich mehr strecken. Wird das Pferd zu gestreckt, holt er es mit halben Paraden

wieder zum Tölt zurück. Um diesen Rückweg so leicht und fein wie möglich zu machen, das Pferd also nicht bereits bei der Parade zum Tölt zu spannen, läßt der Ausbilder es im Trab, Galopp oder Paß nicht zuviel in die Streckung, sondern so nahe wie möglich am Viertakt gehen. In diesem Stadium der Ausbildung ist es deshalb zum Beispiel sehr positiv, wenn das Pferd »isländisch« trabt, die Bewegung eher gelaufen ist, Hals und Kopf eher höher sind. Das Pferd wird dann im Rücken locker bleiben und sich nicht in eines der beiden Extreme, lateral oder diagonal, festmachen können. Erst wenn das Pferd diese Übergänge verstanden hat und sich immer wieder locker verschieben läßt, kann die Gangausbildung weiter weg vom Viertakt kommen.

Der Ausbilder kann es sich zunutze machen, daß das Pferd im Tölt mit einer vergleichsweise hohen Aufrichtung geht. Braucht er mehr Streckung, weil sein Pferd sich eng macht, läßt es immer wieder in den Trab, Galopp oder Paß hineinlaufen, denn dafür muß es sich strecken. Wird das Pferd zu lang, holt er es mit halben Paraden in den Tölt zurück. Dieses Spiel mit den Gangarten bringt das Pferd in den positiven Bewegungsablauf.

1.  2.

In diesem Stadium der Ausbildung ist es sehr positiv, das Pferd in hoher Haltung (isländisch) zu traben (oben). Denn so läßt es sich spielerisch zwischen Trab und Tölt hin- und herschieben, ohne sich im Rücken festmachen zu können.

## Am Zügel

Stimmt die Bewegung eines Pferdes im Rücken, bringt dieser den Schwung aus der Hinterhand in jeder Situation locker nach vorne, dann stimmt im übrigen auch die Haltung des Pferdes. Und damit wären wir beim leidigen Thema »am Zügel« angelangt. Dieser Begriff wird von vielen Reitern mißverstanden und irrtümlich als »Dressurhaltung« gedeutet. Nimmt ein Pferd die »Rübe runter« – wie es oft so häßlich heißt –, so glauben sehr viele Reiter, es sei am Zügel. Sie beginnen deshalb schon sehr bald in ihrer Ausbildung, die Pferde mit Hilfszügeln oder tiefgedrückter Hand nach unten zu ziehen. Der Begriff »am Zügel« hat aber zunächst nichts mit der Haltung des Pferdes zu tun. Er besagt, daß

3.

4.

der Schwung aus der Hinterhand über den Rücken an den Zügel gelangen kann – der Reiter kann spielerisch sitzen, und das ganze Pferd ist harmonisch an der Bewegung beteiligt. Die Haltung ist schließlich das Ergebnis der richtigen Tätigkeit von Hinterhand und Rücken.

Das heißt letztlich zweierlei: Je nach Ausbildungsstand wird das Pferd erstens in unterschiedlicher Haltung »am Zügel« gehen. Zu Beginn seiner Karriere ist es unter Umständen wesentlich höher oder tiefer eingestellt als in einem späteren Stadium. Das heißt aber auch zweitens, daß ein Pferd sowohl im Tölt wie auch im Paß »am Zügel« gehen kann – nämlich dann, wenn es in der für diese Gangarten charakteristischen Haltung mit gelöstem, schwingendem Rücken geht und die Bewegung durchläßt bis über das Genick zum Pferdemaul und zurück.

## Das Pferd »setzen«

Kann der Reiter sein Pferd entsprechend der Gangveranlagung locker im Bewegungsschema variieren, also beim Vier-

Links: „Am Zügel" – das wird oft mißverstanden als dressurmäßige Haltung. Dabei besagt dieser Begriff vielmehr, daß das Pferd – unabhängig von der Haltung – den Schwung der Hinterhand durchläßt über den Rücken bis an den Zügel. Das heißt, Pferde können sowohl im Tölt wie auch im Rennpaß am Zügel gehen, wie Karly Zingsheim auf *Dama fra Holum* oder Dorte Rassmussen auf *Blossi* beweisen.

gänger nur soweit in Richtung Paß, bis die gewünschte Haltung erreicht ist, kommt er mühelos und fließend von einem Gang in den anderen, so wird er in der nächsten Stufe Bewegungsweite und Bewegungshöhe in völliger Harmonie mit seinem Pferd verbessern können. Auch dabei gilt es wieder, die Balance zu finden zwischen Zusammenstellen und Strecken-Lassen. Mit halben Paraden kann er in feinen Nuancen die Hinterhand immer mehr zum Untertreten veranlassen; indem er das Pferd immer wieder nach vorne herausläßt, verhindert er ein Engwerden. Im geschickten Hin und Her kommen Reiter und Pferd der Versammlung näher, dem Punkt also, an dem sich das Pferd wie ein Traumpferd, ein Gaedingur, anfühlt.

## Manipulationen

Mancher Ausbilder kann der Versuchung nicht widerstehen, sein Pferd ohne Rücksicht auf die Losgelassenheit zum reinen Viertakt zu bringen – er greift zur Manipulation. Mit Hilfe von Gewichten und anderen Methoden wird die Vorhand speziell trainiert. Die Schulter kommt dadurch höher, und das Training wirkt sich zum Teil auch auf die Rückenmuskulatur aus. Doch die Wirkung bleibt im Körper stecken, kommt nicht bei den Hinterbeinen an, regt diese nicht an, aktiver zu sein. Das Pferd bewegt sich zwar mit den Beinen

Oben: Der manipulierte Tölter: Die Vorhand – für sich betrachtet – nimmt das Pferd hoch und weit, als gehe es starkes Tempo. Die Hinterhand – deckt man die Vorhand zu – befindet sich von der Schrittweite her im Arbeitstempo. Das Pferd ist im Rücken fest, es läßt den Reiter nicht sitzen. Er knickt mit der Hüfte nach hinten und rundet den Rücken. Die Beine rutschen ihm nach vorne.

Links: Der Begriff „am Zügel" hat zunächst nichts mit der Haltung des Pferdes zu tun. Er besagt, daß der Schwung aus der Hinterhand über den Rücken an den Zügel gelangen kann. Das heißt, daß ein Pferd, je nach Ausbildungsstand, in unterschiedlicher Haltung „am Zügel" ist – also zum Beispiel mit hoher Nase „am Zügel" geht, während das in „dressurmäßige Haltung" gezwängte Pferd nicht „am Zügel" ist, weil es im negativen Bewegungsablauf die Einwirkung des Reiters nicht durchlassen kann.

im Viertakt, geht im Körper aber verspannt und paßartig weiter, läßt den Reiter nicht sitzen. Von oben hat dieser zwar ein angenehmeres Gefühl, als wenn die Pferde völlig steif auf der tiefen Vorhand gehen, doch ist es kein Vergleich zu dem Gefühl, das ein wirklich losgelassenes Pferd gibt. Denn auf diese Art trainiert kann das Pferd Vor- und Hinterhand nicht harmonisch bewegen, und sein Körper befindet sich nicht im Einklang mit der Bewegung seiner Beine. Außerdem erbringt der Reiter die Leistung (klarer Viertakt, höhere Vorhandbewegung) nicht gemeinsam mit dem Pferd, sondern zwingt es mit diesen Methoden zum unnatürlichen, verspannten Gehen. Manipulationen sind deshalb nur Täuschungen, die auch von Laien mit Harmoniegefühl erkannt werden. Sie sind abzulehnen.

# Die Ausbildung der einzelnen Gangarten

Um die Ausbildung der einzelnen Gangarten zu beschreiben, haben wir die unendliche Vielfalt der Islandpferde-Talente ganz grob in verschiedene Typen zusammengefaßt. An ihnen wollen wir beschreiben, wie wir uns – je nach Veranlagung – den Weg zum Traumpferd vorstellen können.

Grundsätzlich machen wir außerdem einen Unterschied zwischen »Gebrauchstempo« und »gerittenem Tempo«. »Gebrauchstempo« soll das Tempo genannt werden, das dem Pferd in der gewünschten Gangart am leichtesten fällt. In diesem Tempo wird es zunächst ausgebildet und später von der Mehrzahl aller Freizeitreiter geritten. »Gerittenes Tempo« sind die Tempi, die bei Wettbewerben von Sportpferden verlangt werden. Da sich das »gerittene Tempo« harmonisch aus dem »Gebrauchstempo« entwickelt, nimmt das letztere – als Basis der Arbeit – in diesem Buch einen wesentlich breiteren Raum ein.

Wir geben den Reitern außerdem Tips, wie sie ihr Pferd in einem bestimmten Gang am besten fördern, ohne auf Widerstände zu stoßen. Gerade diese Tips können dem Freizeitreiter sehr nützlich sein. Er kann aus unseren Vorschlägen zum Beispiel herauslesen, daß er sein Pferd im tiefen Boden besser traben läßt und nicht zu tölten versucht;

oder daß er einen Paßtölter in flottem Tempo frei vorwärtsgehen läßt und im Tölt eher Wege auswählt, die leicht bergab gehen.

Der Schwerpunkt unserer Überlegungen zur Gangpferdeausbildung liegt auf Tölt und Paß. Über die spezielle Ausbildung der Grundgangarten Schritt, Trab und Galopp haben sich bereits viele kompetente Ausbilder den Kopf zerbrochen. Wir besprechen diese Gangarten vor allem unter dem Gesichtspunkt der Gangpferdeausbildung. Außerdem haben wir versucht, jeden der verschiedenen Pferdetypen in unserem Gangschema mit einem Punkt zu lokalisieren. Mit Pfeilen geben wir die Richtung an, in der das Pferd ausgebildet werden muß. Grundsätzlich kann dabei gelten: Zeigt der Pfeil in die Mitte des Kreisschemas – also in Richtung Tölt (Viertakt) –, muß das Pferd in der Haltung insgesamt gesetzter, mehr aufgerichtet werden. Weist der Pfeil von innen nach außen, muß der Reiter sein Pferd mehr in die Richtung ausbilden.

## Der Schritt

### Fußfolge, Sitz und Tempo

Der Schritt ist ein Viertakt mit acht Phasen. Das Pferd setzt die Beine wie folgt:

Der Schritt sagt sehr viel über die Ausbildung eines Pferdes aus. Mangelndes Vertrauen und unreelle Arbeit in den anderen Gangarten rächen sich im Schritt und lassen sich in diesem Gang ganz deutlich erkennen – zum Beispiel daran, daß das Pferd zackelt oder sich hinter dem Zügel verkriecht.

hinten links, vorne links, hinten rechts, vorne rechts.

Schritt wird im Vollsitz geritten. Fast alle Freizeitreiter lassen ihr Pferd ausschließlich im Gebrauchsschritt gehen. Auf Islandpferdeturnieren wird außerdem Mittelschritt am Zügel verlangt (gerittener Schritt). Anreiten im Schritt siehe unter Zusammenwirken der Hilfen.

## Veranlagung

Das Islandpferd hat meist einen guten Schritt, allerdings läßt sich die Veranlagung des Pferdes erst dann zweifelsfrei erkennen, wenn es sich unverspannt locker bewegt. Als schwunglose Gangart ist Schritt vom Reiter weit weniger zu beeinflussen als Trab, Tölt, Galopp oder Paß, denn die Möglichkeiten, die Feder der Hinterhand in diesem Gang zu trainieren, sind begrenzt.

Allerdings sagt der Schritt sehr viel über die Ausbildung eines Pferdes aus. Mangelndes Vertrauen und unreelle Arbeit in den anderen Gangarten lassen sich im Schritt ganz deutlich erkennen: Das Pferd bewegt sich nicht frei, es hampelt zum Beispiel herum oder verkriecht sich hinter dem Zügel.

Versucht der Reiter, von seinem Pferd im Schritt eine Haltung zu erzwingen, geht in der Regel sofort der Takt verloren.

### Fehler im Schritt und ihre Korrektur

Fehler im Schritt sind, wie bereits angedeutet, meist das Ergebnis von Reiterfehlern in den anderen Gängen. Es ist, und deshalb sei das nochmals erwähnt, aus diesem Grund auch sinnlos, diese Fehler im Schritt beheben zu wollen (zum Beispiel durch Reiten im tiefen Boden oder über Stangen). Solche Übungen bringen nur kurzzeitige Wirkung, weil sie das Grundübel nicht beseitigen. Ist das Pferd in allen Gängen sauber gearbeitet, wird der Schritt automatisch so gut sein, wie es der Veranlagung des Pferdes entspricht.

## Der Trab

### Fußfolge, Sitz und Tempo

Der Trab ist ein Zweitakt mit vier Phasen. Das Pferd fußt diagonal: hinten links und vorne rechts, hinten rechts und vorne links. Dazwischen befindet sich die Schwebephase. Traben kann der Reiter im Vollsitz, im Entlastungssitz, und er kann leichttraben, wobei jeweils nur jeder zweite Tritt ausgesessen wird.

Beim Leichttraben sollte der Reiter öfter den Fuß wechseln, damit beide Hinterbeine des Pferdes gleichmäßig trainiert werden. Ist ein Fußwechseln nicht möglich, weil das Pferd dann zu rollen beginnt, sollte besser im Entlastungssitz oder ausgesessen getrabt werden, als das Pferd immer auf einem Hinterbein stärker zu belasten.

Der Freizeitreiter läßt sein Pferd überwiegend im Gebrauchstempo gehen, weil es dem Pferd im Trab am leichtesten fällt, über unwegsames Gelände zu gehen (deshalb traben auch die meisten Pferde über Cavalettis). Bei Islandpferdewettkämpfen wird Trab im Arbeits- und im Mitteltempo verlangt.

### Veranlagung und Typen

Grundsätzlich lassen sich bei Islandpferden zwei Typen der Trabveranlagung unterscheiden:

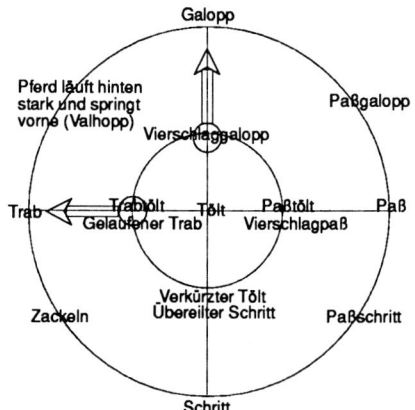

Gangart Trab
Typ: Gelaufener Trab

Geschmeidige Bewegung in hoher Haltung: Das Pferd trabt am Zügel.

### 1. Typ: Gelaufener Trab

Diese Pferde gehen stark gelaufenen Trab, ganz nahe am Viertakt. Oft gehen sie sogar nur in Richtung Trab verschobenen Tölt, ohne richtig zu traben. Solche Pferde muß der Ausbilder im Laufe seiner Arbeit immer näher an den Zweitakt bringen.

Er arbeitet sie zunächst im Trab als Handpferd, longiert sie oder läßt sie frei laufen, um ohne Reiter die Muskulatur zum Traben zu trainieren. Gleichzeitig macht der Ausbilder diese Pferde im Tölt so durchlässig, daß sie sich in der halben Parade zusammenschieben lassen, ohne sich zu verspannen. Je mehr sie sich in der Hinterhand setzen, um so besser werden diese Pferde zum Trab kommen. Ganz allmählich können sie dann in die Streckung gelassen werden, aber nur so weit, daß sie sich immer wieder mit der halben Parade setzen lassen und im Trab nicht auf die Vorhand kommen.

### 2. Der steife Traber

*Typ: Nur die Grundgangarten*

Dieser Typ des steifen Trabers geht ganz klaren Zweitakt, nicht selten mit beeindruckender Bewegungsweite und Höhe. Weil diese Pferde sich nicht locker in

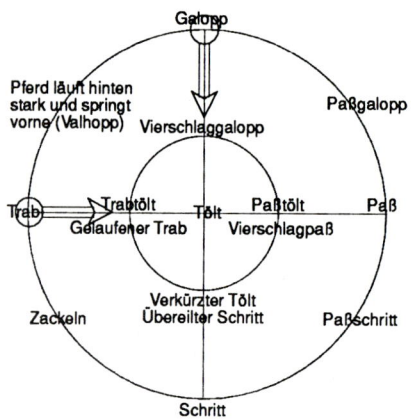

Gangart Trab, Typ: Steifer Trab

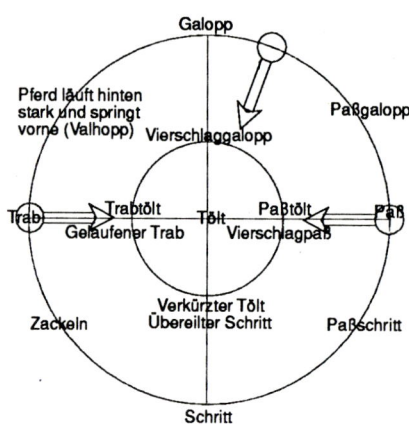

Gangart Trab, Typ: Grundgangarten + Paß

Richtung Viertakt verschieben lassen, wollen wir ihre im Trab gute Gangveranlagung trotzdem »steif« nennen. Auch die Isländer sprechen hier von groben Bewegungen. Diese Pferde müssen lernen, mit höherer Aufrichtung zu traben und dabei locker zu bleiben. Die Isländer traben ihre Pferde deshalb grundsätzlich nicht in tiefer, gestreckter Haltung. Sie sitzen immer aus, um den Zweitaktrhythmus leicht zu brechen in Richtung Tölt, und sorgen mit Hilfe anschlagender Zügelhilfen (siehe unter Gebisse) dafür, daß das Pferd die Nase vorne und oben behält.

*Typ: Die Grundgangarten und Paß*
Diese Pferde können meist nur ein Tempo traben und neigen dazu, mit eher gestreckter Haltung auf der Vorhand zu gehen. Oft haben sie das Traben erst in der Grundausbildung »gelernt«. Der Ausbilder muß den Trab dieser Pferde grundsätzlich fördern, indem er sie in höherer Haltung reitet und viele Tempounterschiede übt. Damit wird bei diesem Pferdetyp gleichzeitig die Töltarbeit vorbereitet (siehe Tölt, steife Pferde).

# Der Tölt

### Fußfolge, Sitz und Tempo
Tölt ist ein Viertakt mit acht Phasen. Das Pferd fußt hinten links, vorne links, hinten rechts, vorne rechts. Zu unterscheiden sind das Gebrauchstempo sowie die gerittenen Tempi (Arbeitstempo, Mitteltempo, starkes Tempo). Grundsätzlich sitzt der Reiter im Vollsitz. Leichte Nuancen in Richtung Entlastungssitz sind möglich. Anreiten im Tölt siehe unter Zusammenwirken der Hilfen.

Tölt, die Gangart, die das Islandpferd bei Freizeit- und Turnierreitern beliebt gemacht hat, weil das entspannt und harmonisch gehende Pferd den Reiter bequem sitzen läßt.

## Veranlagung und Typen

Als Faustregel für die Arbeit im Tölt kann gelten: Je weniger Naturtölt ein Pferd hat, desto besser muß der Reiter sein, und desto länger dauert die Ausbildung. Wählt man das grobe Raster der Typisierung, so lassen sich beim Isländer verschiedene Tölttypen ausmachen:

Der Naturtölter, der von Haus aus viel Tölt anbietet und sich dabei ganz leicht in den Trab oder in Richtung Trab oder in den gelaufenen Galopp verschieben läßt,

der Tölter, der sich fast nicht zum Trab verschieben läßt und sich bei zunehmendem Tempo in Bewegungsform und Haltung immer mehr dem Paß nähert,

und schließlich relativ steife Pferde, die von Natur aus nur Trab und Paß (neben Schritt und Galopp) beziehungsweise das eine oder andere anbieten.

### Der Naturtölter

Der lockere Naturtölter fühlt sich meist schon im Rücken sehr gut an. Er hat die ideale Haltung (positiver Bewegungsablauf), von der er in alle Richtungen (siehe Gangverteilungs-Kreisschema) weiter ausgebildet werden kann. Diese Pferde müssen im Tölt meist nicht mehr groß beeinflußt werden, wenn sie ihr Tempo gehen können. Nach der Grundausbildung fördert der Reiter nur die allgemeine Durchlässigkeit und den Gehorsam im Tölt, baut Kondition auf und kommt schließlich in der weiteren Ausbildung der anderen Gangarten im Kreisschema immer weiter an die Grenzen. Denn auch wenn das Pferd als Naturtölter bezeichnet werden kann, heißt das nicht, daß es die anderen Gänge überhaupt nicht anbietet. Schließlich bildet der Reiter sein Pferd im Tölt der gerittenen Tempi (Arbeits-, Mittel- und starkes Tempo) aus.

*Problem Galopprolle*

Allerdings werden diese Pferde an der Longe gerne »rollen« oder »springen«, weil sie so locker sind, daß sie auf jede Biegung sofort ansprechen. Beim späteren Anreiten werden diese Pferde sogar oft verdorben, weil der Ausbilder - um die Galopprolle wegzureiten - sie unentwegt biegt oder stellt und damit den Bewegungsfluß stört. Der vormals lockere Naturtölter wird dann meist steif in Richtung Paß. Viel besser ist es deshalb, das Rollen anfangs zu tolerieren, lieber öfter die Hand zu wechseln, viel geradeauszureiten oder nur größere Wendungen anzusetzen. Dies hält der Ausbilder so lange konsequent durch, bis er mit der Einwirkung so präzise durchkommt, daß sich das Pferd dabei nicht mehr steif macht.

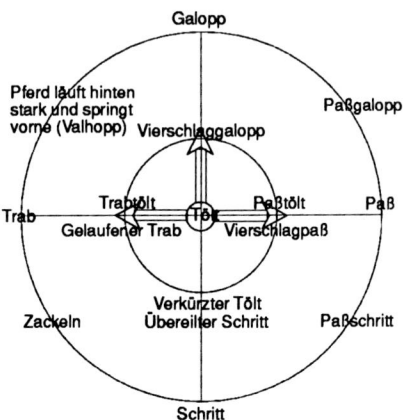

Gangart Tölt
Der Natur-Tölter

*Problem Tempo*

Manche Naturtölter lassen sich nur im langsamen Tempo tölten und fangen an, stark gelaufen zu galoppieren, sobald es schneller wird. Diese Pferde sind in der Haltung zu hoch (Richtung »Valhopp«, Schulter und Hals sind oben, die Hinterhand läuft sehr stark) und haben deswegen Mühe, flüssig vorwärts zu gehen.

Wenn sich dieser Fehler nicht schon in der Grundausbildung mit Hilfe der Equilonge beseitigen läßt, dann muß der Reiter versuchen, das Pferd in der weiteren Arbeit so an die Hand heranzureiten, daß es den Zügel gut annimmt. In der ersten Phase der halben Parade wirkt die mitschwingende Hand deshalb eher passiv, bis sich das Pferd ans Gebiß streckt. Die zweite Phase, das Nachgeben der mitschwingenden Hand, wird ausgedehnt, so daß das Pferd in seinem Gesamtrahmen länger wird.

Dieser Pferdetyp läßt sich meist auch nur verhalten traben, es kommt auch in diesem Gang nicht vorwärts, so daß es guttut, kurze Strecken zügig zu galoppieren. Auch dabei sollte der Reiter darauf achten, mit der »beweglichen« Hand dran zu bleiben – das heißt, das Pferd fast ein bißchen dazu zu animieren, sich auf den Zügel zu legen, um den Rahmen zu erweitern. Weil die Pferde dieses

Der Paßtölter kommt in zunehmendem Tempo in immer gestrecktere Haltung. Grundsätzlich muß der Reiter zum Treiben kommen, damit die Hinterhand so energisch zutreten kann, daß sie zu jedem Zeitpunkt soviel Gewicht übernimmt, daß das Pferd im Gleichgewicht gehen kann. Der geschickte Ausbilder kann zudem im Gelände Wege auswählen, die leicht bergab gehen. Denn dort kann sein Pferd die Hinterhand nicht wegstellen. Sie muß automatisch mehr Gewicht übernehmen.

Typs oft nicht gut vorwärtsgehen, sollten sie viel in der Gruppe und im Gelände geritten werden.

*Typ: Paßtölter*
Diese Pferde gehen bis ins mittlere Tempo lockeren Tölt – tendieren vielleicht auch dabei schon ein bißchen zum Paß – und kommen mit zunehmendem Tempo durch die gestrecktere Körperhaltung immer mehr zum Zweitakt. Auch im langsamen Tempo neigt dieser Typ eher zur Lateralen. Grundsätzlich müssen solche Pferde gesetzt werden (siehe Haltung).

*Problem Aufrichtung*
Der geschickte Ausbilder nutzt also jede Gelegenheit, zum Treiben zu kommen,

zum Beispiel indem er dort reitet, wo das Pferd von der Umgebung leicht abgelenkt wird. Er läßt diese Pferde außerdem im eher flotten Tempo frei vorwärtsgehen und reitet selten enge Wendungen, weil sie sich im Körper meist schlecht biegen können. Im Gelände wählt er eher Wege, die leicht bergab gehen, weil die Pferde so die Hinterhand nicht wegstellen können und diese dann vermehrt das Gewicht des Gesamtkörpers übernehmen muß. Daraus ergibt sich von selbst die bessere Aufrichtung.

*Problem Gangwechsel*

Beim Zusammenstellen in der halben Parade muß der Reiter sehr genau darauf achten, daß dieser Pferdetyp nicht in den negativen Bewegungsablauf (Hinterhand hoch, Rücken steif, Schulter tief)

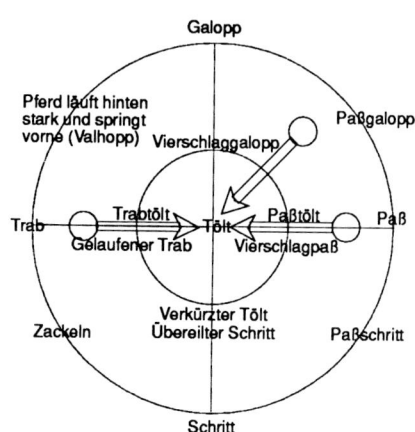

Gangart Tölt
Typ: Paßtölter

kommt. Da diese Pferde meist einen schlechten Galopp haben, eignet sich dieser Gang nicht zum Lösen. Wenn der Reiter diesen Pferden im Tölt allmählich eine höhere Haltung im positiven Bewe-

1.

2.

gungsablauf beigebracht hat, kommen sie immer mehr in Richtung Trab und werden dadurch besser im Tölt.

Es ist aber nicht sinnvoll, diesen Pferden zunächst das Traben beizubringen, denn dabei kommen sie fast immer im eher schleppenden Trab auf die Vorhand und springen aus diesem wieder in den Paß. Der Paßtölter muß - mit halben Paraden vermehrt auf die Hinterhand »gesetzt« - vom reinen Tölt über den gelaufenen Trab schließlich zum Trab geritten werden.

Mit ständigem Wechseln zwischen Tölt, paßartigem Tölt und ruhigem Schaukelgalopp kann der Ausbilder sein Pferd zum positiven Bewegungsablauf bringen. Im Vierschlaggalopp hat er schon eine „Diagonale" geholt und seinen Paßtölter ein Stück weit in Richtung Trab – hin zum reinen Viertakt – verschoben.

Spätestens wenn er zum gelaufenen Trab tendiert, fängt dieser Typ Pferd bergauf meist zu rollen an. Das ist die Basis für die weitere Töltausbildung, denn im ruhigen Galopp kommt die Schulter des Pferdes immer höher. Mit einem ständigen, gefühlvollen Wechseln zwischen Tölt und paßartigem Tölt und ruhigem Schaukelgalopp kann der Ausbilder sein Pferd auf diese Weise in den positiven Bewegungsablauf bringen und damit stufenlos zum Tölt und gelaufenen Trab kommen.

Im Vierschlaggalopp hat der Reiter auch schon eine »Diagonale geholt« und seinen Paßtölter damit ein Stück weit in Richtung Trab verschoben. Anfangs werden diese Gangartenwechsel nur bergauf geübt, später kann der Reiter sie auch auf flacheren Stücken anwenden, bis die

3.            4.

halben Paraden schließlich so sorgfältig und fein durchkommen, daß das Pferd sich nahtlos aus dem gesprungenen Vierschlaggalopp in den Tölt verschieben läßt und dabei nicht auf die Vorhand kommt. Jetzt kann der locker gewordene Tölter auch auf Wendungen gezielt gefördert werden, ohne daß der negative Bewegungsablauf wieder zum Vorschein kommt.

*Typ: Steifer Tölter*
Die steifen Tölter tendieren stark entweder zur lateralen oder zur diagonalen Bewegung – oder zu beidem. Sie lassen sich anfangs überhaupt nicht oder nur sehr schwer in Richtung Tölt verschieben. Diese Pferde müssen die Grundhilfen sehr gut annehmen, damit der Ausbilder sie mit sehr feinen Einwirkungen beeinflussen und schließlich locker in Richtung Viertakt verschieben kann.

All das zeigt schon: Die steifen Typen brauchen in der Ausbildung viel mehr Zeit als die lockeren. Lernfähigkeit und Leistungsbereitschaft dieser Pferde müssen hoch sein. Sie verlangen nach einem erfahrenen und geschickten Reiter. Die steifen Typen sind hart zu sitzen, gleichgültig ob sie zum Trab oder zum Paß tendieren. Oft sind diese Pferde durch ihre Steifheit auch nicht weich im Maul, weil der Fluß der Bewegung nicht stimmt und sie keine Chance haben nachzugeben. Das Ziel der Ausbildung muß es sein, daß auch diese Pferde sich bequem anfühlen, daß sie gut zu sitzen

sind und auf Zügeleinwirkungen fein reagieren.

Die steifen Tölter lassen sich unterteilen in zwei Typen, die wie folgt geritten und ausgebildet werden:

*Zum Trab steife Pferde*
Bevorzugt das steife Pferd den Trab, also die Diagonale, wird es die Anforderungen der Grundausbildung spielerisch meistern, weil es sich gut biegen und damit auch gut wenden läßt. Die Probleme kommen erst, wenn dieser Pferdetyp einen anderen Bewegungsablauf, den Viertakt, lernen muß, was außerdem eine überdurchschnittliche Arbeitsbereitschaft des Pferdes voraussetzt.

→ Tölten lernen:
   Vom Schritt zum Tölt
Am sichersten erreicht der Ausbilder dabei sein Ziel, wenn er wie folgt vorgeht:

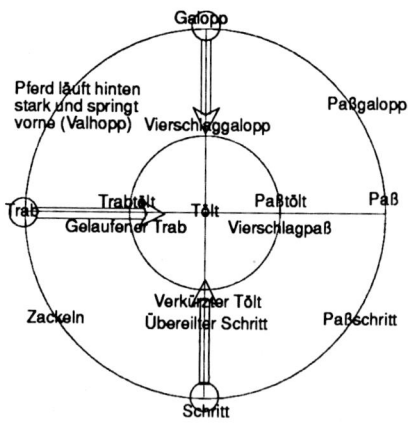

Gangart Tölt
Typ: zum Trab steife Pferde

Das Tölten lernen: Der steife Traber hat gelernt, ohne Zügeleinwirkung paßartig vorwärts zu gehen. Er hat den lateralen Bewegungsablauf „verstanden", gelernt, in gestreckter
Haltung zu gehen. Die weitere Arbeit gleicht jetzt der, die
der Ausbilder eines steifen Fünfgängers zu leisten hat: Er
verschiebt sein Pferd vom Trab und Galopp auf der einen
Seite und vom paßartigen Schritt auf der anderen Seite immer mehr zum reinen Viertakt in der Mitte.

Das Pferd wird im verkürzten Schritt
stark zum Paß verschoben. Dieses paßar-
tige Gehen wird ganz allmählich im
Tempo gesteigert, und zwar immer nur
so weit, wie das Pferd in seinem Bewegungsablauf den »Paß« noch halten
kann, also nicht zum Viertakt kommt.
Bevor der Reiter im Rücken die typische
Wellenbewegung diagonal gehender
Pferde spürt (fühlt sich trabartig an),
muß er das Tempo mit halben Paraden

wieder einfangen, denn das Pferd hat
noch nicht gelernt, fließend zu laufen,
und würde sofort wieder in die diagonale Bewegung zurückkippen.

Dieses passige Gehen übt man anfangs nur über wenige Meter und nur
dann, wenn das Pferd viel Energie und
Vorwärtsdrang hat - am Ende der Gruppe oder auf dem Heimweg (allerdings
nicht, wenn das Pferd bereits müde ist).
Der Ausbilder muß dabei sehr viel Gefühl für die Psyche seines Pferdes entwickeln, damit die gute Arbeitseinstel-
lung nicht auf der Strecke bleibt.
Schließlich muß das Pferd begreifen, daß
Treiben auf einmal nicht mehr nur Vorwärtsgehen heißt.

Zwischen den »Töltübungen« sollte
deshalb nicht nur die Durchlässigkeit

und der Gehorsam des Pferdes immer wieder geschult werden (Vorhandwendungen, Schenkelweichen, Rückwärtsrichten und ähnliches). Das Pferd muß sich auch zwischendurch im Schritt am langen Zügel wieder strecken dürfen. Es soll außerdem – allerdings ohne Reiter – auch immer wieder unbeschwert vorwärtslaufen dürfen, als Handpferd, an der Longe oder beim Freilaufenlassen. Der Zweck der Arbeit aus dem verkürzten Schritt ist erfüllt, wenn der Reiter sein Pferd im Arbeitstempo paßartig vorwärtsreiten kann, weil es dann den Bewegungsablauf, die Rückentätigkeit und die Haltung des lateralen Gehens verstanden hat.

Ohne daß der Reiter es mit der Hand zwingt, kann das Pferd also paßartig gehen. Aber es ist noch immer nicht geschmeidig. Es kann sich in dieser Phase der Ausbildung noch immer zum Trab festmachen oder zum stark paßartigen Gehen überkippen und sich dort sogar noch mehr verspannen und tribulieren*.

---

* Mit dem Begriff »tribulieren« (auch wechseln genannt) beschreibt man folgenden Vorgang: Das Pferd kommt vom Viertakt immer mehr zum lateralen Zweitakt, fußt aber immer noch zuerst hinten, dann vorne, wird steifer, kommt ganz zum Zweitakt und fußt hinten und vorne gleichzeitig. Es verspannt sich noch mehr, so weit, daß es zuerst mit der Vorhand und dann mit der Hinterhand auffußt, und noch weiter bis zu dem Zeitpunkt, an dem das Hinterbein an den Ort fußen müßte, an dem die Vorhand noch steht. Weil das Pferd sich nicht auf die eigenen Füße tritt, setzt es mit der Hinterhand einen Schritt aus, damit das laterale Vorderbein Zeit hat wegzutreten. Tribulieren ist immer eine Folgeerscheinung des negativen Bewegungsablaufs bzw. dessen stärkste Form.

Die weitere Arbeit gleicht jetzt der, die der Ausbilder eines steifen Fünfgängers zu leisten hat: Er verschiebt sein Pferd vom Trab und Galopp auf der einen Seite und vom passigen Tölt auf der anderen Seite immer mehr zum reinen Viertakt in der Mitte (siehe Kreisschema).

Auf diese Art können auch weniger erfahrene Reiter (unter Anleitung eines Ausbilders) Pferde eintölten, weil sie vor allem bei der Arbeit im verkürzten Schritt genügend Zeit haben, ihre Einwirkungsmöglichkeiten aufeinander abzustimmen.

→ Über das Tempo zum Tölt

Es gibt auch noch die Möglichkeit, ein Pferd übers Tempo einzutölten. Dieser Weg sollte aber nur gegangen werden, wenn der Ausbilder das Gefühl hat, daß der Viertakt bei seinem Pferd »nicht weit weg ist«, das Pferd bietet also in der Grundarbeit zwar ausschließlich Trab an, hat aber genügend Töltveranlagung. Will er sein Pferd über das Tempo eintölten, sollte der Reiter sehr geschickt und fein mit der Hand sein und in jeder Situation gut sitzen und einwirken können.

Das Pferd wird auf einer leicht abschüssigen Strecke über das normale Trabtempo hinaus geritten, denn jede Renngangart oder Überforderung in einem Tempo führt automatisch zum Vierschlag. Beim stufenweisen Einfangen aus diesem hohen Tempo muß der

Reiter immer wieder von der Hand weg und zum Treiben kommen und auf diese Weise eine zu hohe Aufrichtung verhindern, denn sonst kommt das Pferd in der Schulter tief und damit zum negativen Bewegungsablauf. Auch bei dieser Arbeit muß das Pferd immer wieder auf der Stufe der Grundausbildung gehorsam gemacht werden.

Der Ausbilder sollte außerdem wissen, daß auch Ansätze zur Galopprolle, gleich in welchem Tempo, das Pferd vom Trab in Richtung Viertakt bringen – und zwar mit jeweils einer Diagonalen. In einer Ausbildungsphase, in der das Pferd schon etwas weiter weg von der reinen Diagonalen ist, kann ein Wechseln zwischen Linksrolle und Rechtsrolle den gewünschten Effekt bringen. Auch beim Eintölten über das Tempo kann es passieren, daß die Pferde plötzlich zuviel zum Paß kommen und dann wie steife Fünfgänger geritten werden müssen. Bei beiden Methoden kann es sogar dazu kommen, daß hektische Pferde eine Zeitlang gar nicht mehr traben.

*Zum Paß steife Pferde*
Steife Pferde, die stark zur Lateralen, also zum Paß, tendieren, haben es in der Grundausbildung oft sehr schwer, weil sie sich schlecht biegen lassen und dadurch die allgemeine Beweglichkeit schlecht ist. Die Arbeit wird noch schwieriger, wenn diese Passer in der Grundausbildung das Traben nicht gelernt haben.

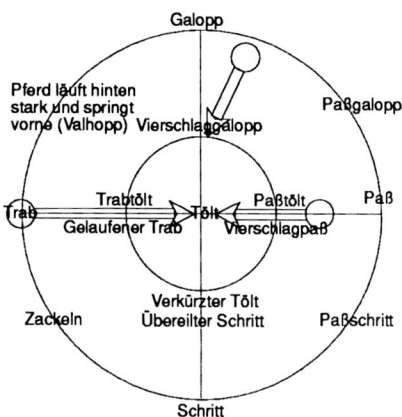

Gangart Tölt
Typ: zum Paß steife Pferde

→ Problem: Trab und Galopp finden
Weil sie oft so weit von der diagonalen Bewegung weg sind, ist beim steifen Passer sogar ein Traben auf der Vorhand zu tolerieren, damit überhaupt einmal ein anderer Bewegungsrhythmus in das Pferd kommt. Denn häufig können sich diese Typen in der Rückenmuskulatur zunächst gar nicht anders als lateral bewegen. Wenn die Grundausbildung richtig gemacht wurde, lassen sich die meisten steifen Passer auf der Vorhand traben. Ganz schwierige Ausnahmefälle könnte man schließlich noch zum Traben bringen, indem man sie aus dem langsamen Paß tribuliert und dann weitertraben läßt.

In der nächsten Ausbildungsphase müssen diese zum Paß steifen Pferde im Trab Tempounterschiede lernen. Dabei werden sie grundsätzlich mit höherer Haltung geritten (zu hoch geht gar

nicht, allerdings darf sich das Pferd nicht auf den Zügel legen) und im Trab damit schon ein bißchen in Richtung Viertakt verschoben.

Auch im Galopp - zuerst geradeaus, später auf Wendungen - werden diese Pferde so hoch wie möglich geritten (wieder ist zu hoch gar nicht möglich, weil das Pferd sonst in den Paß fallen würde), damit sie immer mehr lernen, hinten zu laufen, und die Hinterhand tief bleibt. Der Reiter übt außerdem viele Übergänge vom Trab zum Galopp und umgekehrt. Er zögert dabei die Phase der Umstellung so lange wie möglich hinaus - so daß die gelaufenen »Strekken« immer länger werden und das Pferd sich immer fließender umstellen läßt. Ziel der Trab- und Galopparbeit ist

Das zum Paß steife Pferd ist vorne so tief, daß es keine Möglichkeit hat, sich zu tragen. Der verspannte Rücken läßt die Bewegung nicht durch, die Hinterhand kann nicht zutreten, der Reiter nicht sitzen.

es, die Vorhand weiter nach oben, die Hinterhand mehr unter den Schwerpunkt zu bringen und damit eine bessere Aufrichtung im positiven Bewegungsablauf zu erreichen. Zu diesem Zweck sucht der Reiter sich Wege aus, die bergauf gehen, und einen Untergrund, der eher weich ist.

→  Aus dem Schritt zum Tölt
Gleichzeitig nähert sich der Reiter von »unten« dem reinen Viertakt, indem er sein Pferd aus dem energischen Schritt mit aktiver Hinterhand immer mehr ins

Tempo rausläßt und mit halben Paraden jeweils dann wieder zurücknimmt, wenn die Wellenbewegung im Rücken aufhört. Ganz allmählich wird die »Lücke« zwischen dem Schrittempo und dem Galopp-Trabtempo geschlossen. Trab und Galopp kommen dem Viertakt näher bis hin zum Tölt, und aus diesem kann das Pferd stufenlos zum Schritt zurückgenommen werden, ohne daß die Wellenbewegung im Rücken aufhört.

→ Das Spiel mit den Gangarten
Der Reiter muß sein Pferd dabei sehr sorgfältig in den Übergängen arbeiten. Aus dem nach oben gerittenen Trab wird das Pferd durch abwechselndes Treiben und Einfangen immer langsamer gemacht, bis es flüssig in den Tölt wechselt. In hoher Haltung läßt sich das Pferd dann noch langsamer machen bis hin zum Schritt, oder der Reiter kann es allmählich wieder in gestrecktere Haltung ins Tempo oder in den Trab hinauslaufen lassen. Zu Beginn muß er bei diesem Zulegen relativ viel von der hohen Haltung aufgeben. Das Ziel ist es aber, das Pferd zwar ins schnellere Tempo oder den Trab zu bringen, dabei aber so wenig in die Tiefe zu lassen wie möglich, um es immer besser zu setzen.

→ Abwechslung
Manche Ausbilder reiten den steifen Fünfgänger zwischendurch auch einfach mal im »Schweinepaß« spazieren. Das hat den Sinn und Vorteil, daß das Pferd

nicht jedesmal streng arbeiten muß, wenn es geritten wird. Der Ausbilder riskiert dabei allerdings, daß er sein Pferd in gewisser Hinsicht verwirrt. Denn schließlich will er ihm ja beibringen, daß »Schweinepaß« eigentlich schlecht ist, weil das Pferd sich dabei im negativen Bewegungsablauf befindet. Unserer Ansicht nach sind Bodenarbeit, Handpferdereiten und Longieren sinnvollere Möglichkeiten der Abwechslung.

**Gerittene Tempi**
Erst wenn das Pferd im Gebrauchstempo seinen Takt gefunden hat, dabei immer fließend und losgelassen geht, gleichmäßig an die Hand kommt und seinen Reiter bequem sitzen läßt, beginnt die Ausbildung im gerittenen Tempo. Vom Gebrauchstempo ausgehend, versucht der Reiter allmählich, langsamer zu werden. Dabei muß die Gesamthaltung seines Pferdes erhabener werden, die Hinterhand mehr Gewicht übernehmen. Im gleichen Maß steigert der Ausbilder den Tölt aus dem Gebrauchstempo heraus ins immer höhere Tempo. Das Pferd soll sich dabei strecken, in den Bewegungen immer weiter werden.

*Problem Austraben*
Werden die Pferde in den halben Paraden immer enger und richten sich zu hoch auf (bis hin zum Austraben), dann ist der Reiter mit den treibenden Hilfen nicht durchgekommen oder hat zu stark

mit der Hand eingewirkt. Er muß sich für den Übergang ins langsamere Tempo mehr Zeit lassen und versuchen, die Gesamthaltung seines Pferdes dabei eher länger zu machen als höher, damit der Fluß wieder stimmt.

### Problem Zulegen

Der häufigste Fehler beim Zulegen ist, daß die Pferde zu plötzlich ins Tempo gehetzt werden. Nimmt das Pferd dieses plötzliche Treiben noch an, wird aber nicht harmonisch in die Streckung gebracht, dann rollt es oder springt im Galopp an, oder es akzeptiert die Hand nicht, kommt in eine zu gestreckte Haltung, legt sich auf den Zügel und wird paßartig. Manche Pferde reagieren auf das überhastete Treiben, indem sie mit

Das Austraben: Das Pferd wird mit der halben Parade immer enger und richtet sich falsch auf. Es streckt sich nicht mehr, weil der Reiter das Nachgeben „vergessen" oder zu wenig getrieben hat. Das Pferd kommt über den Trab im negativen Bewegungsablauf zum Schritt, es trabt aus.

tiefer Schulter und hohem Hals im negativen Bewegungsablauf paßartig oder galoppartig vorwärtsrennen. Dabei ist die Verletzungsgefahr besonders hoch.

Vor allem Fünfgänger verlieren durch hohes Tempo an Durchlässigkeit und kommen in der Parade in eine gestrecktere Haltung. Sie gehen dann oft gegen den Zügel. Der Reiter muß sich in einem solchen Fall Zeit lassen für das Zurücknehmen und dabei immer wieder neu auf gute Aufrichtung achten (zum Treiben kommen).

Der Reiter überfällt sein Pferd beim Zulegen. Es rennt mit tiefer Schulter und hohem Hals im negativen Bewegungsablauf paßartig weg. Dabei ist – abgesehen davon, daß der Reiter nicht sitzen kann – die Gefahr groß, daß das Pferd sich mit der Hinterhand in den Ballen der Vorhand tritt.

*Problem Ecken*

Schwierigkeiten in den Ecken und Wendungen zeigen, daß das Pferd nicht gleichmäßig auf beiden Händen ausgebildet ist. Die meisten Tölter gehen auf der Hand, auf der sie sich schlechter angaloppieren lassen, ohne Rollen durch die Ecken. Auf der anderen Hand springen sie in jeder Ecke. Der Reiter behebt die Schwierigkeiten dadurch, daß er die natürliche Schiefe seines Pferdes »bekämpft«.

# Der Galopp

## Fußfolge, Sitz und Tempo

Galopp ist ein Dreitakt mit sechs Phasen. Das Pferd fußt wie folgt: linkes Hinterbein, diagonales Beinpaar hinten rechts/vorne links, rechtes Vorderbein (Rechtsgalopp) oder rechtes Hinterbein, diagonales Beinpaar hinten links/vorne rechts, linkes Vorderbein (Linksgalopp).

Galopp wird im Vollsitz, im Entlastungssitz oder im leichten Sitz geritten. Neben dem Gebrauchstempo kennt man in der Islandpferdereiterei das Arbeits- und das Mitteltempo.

## Hilfen zum Galopp

Halbe Parade, der Reiter gibt dem Pferd Galopp-Stellung (Kruppe herein) und

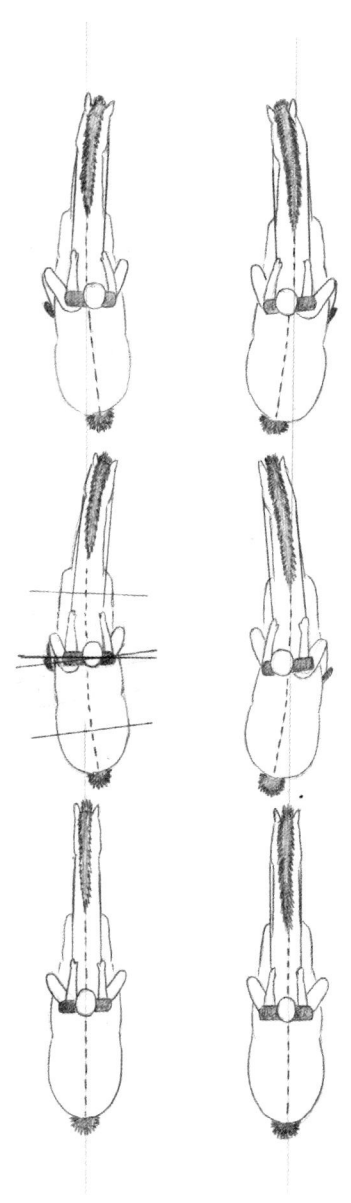

nimmt den Drehsitz ein: Innerer Schenkel am Gurt, äußerer Schenkel eine Handbreit dahinter, innerer Gesäßknochen verstärkt belastet, Kreuz innen verstärkt angezogen (das heißt innere Hüfte vorschieben), innere Hand gibt Stellung, äußere verwahrt. Durch Anziehen des Kreuzes innen und Vortreiben mit dem inneren Schenkel wird das Pferd zum Galoppsprung animiert, der vom Reiter an der inneren Hand herausgelassen wird. Bei jedem Galoppsprung wirkt der Reiter erneut ein, als wolle er angaloppieren.

Der Ausbilder lehrt dem Pferd das Angaloppieren zunächst an der Longe, an der das Pferd auf gebogener Linie auf das Signal von Gerte und Stimme reagiert. Auf der ganzen Bahn übt er das Angaloppieren zunächst aus dem Trab oder Tölt in der Ecke und schließlich auf der Geraden. Weil er die Ausbildung der Spezialgangarten eher behindert, ist der reine Dreitaktgalopp beim Isländer anfangs unerwünscht. Deshalb sollte der Reiter sein Pferd zunächst über längere Zeit eher »rollend« in den Vierschlaggalopp bringen und auch beim Zurücknehmen versuchen, das Pferd mit der Hinterhand zum Laufen zu bringen.

### Veranlagung und Typen

Grundsätzlich gilt beim Islandpferd: Je mehr Paßveranlagung ein Pferd hat, desto größer sind seine Schwierigkeiten, ruhig zu galoppieren und im Galopp Wendungen zu gehen (siehe auch unter

Zum Angaloppieren nimmt der Reiter den Drehsitz ein und gibt seinem Pferd Galoppstellung (Kruppe herein).

Weil er die Ausbildung der Spezialgangarten eher behindert, ist der reine Dreitaktgalopp beim Islandpferd zunächst unerwünscht. Vierschlaggalopp und ein Zurücknehmen, bei dem der Reiter die Hinterhand des Pferdes zum Laufen bringen kann, helfen, das Gangpferd zu lösen.

Haltung). Es lassen sich beim Isländer drei Typen von Galoppveranlagung unterscheiden:

*Typ: Viel Dreitakt*
Da gibt es einmal den Typ, der von Natur aus sehr viel Dreitakt im Galopp hat. Das ist fast immer ein Viergänger. Die Hinterhand springt hinten sehr hoch, die Hinterbeine fußen nahe beieinander, was sich im Grunde wenig mit den eher gelaufenen Bewegungen im Paß oder

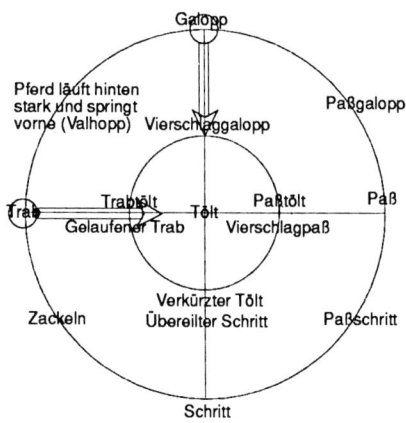

Gangart Galopp
Typ: Viel Dreitakt

Tölt in Einklang bringen läßt. Der Reiter muß auf solchen Pferden gut sitzen und das Kreuz anziehen können wie ein Großpferdereiter, weil sie in der Kruppe so hoch kommen.

In der Ausbildung sollte die Galopparbeit mit solchen Pferden zunächst aufs reine Galoppierenlassen beschränkt werden. Der Reiter muß die Grenze zwischen Tölt und Galopp immer mehr verwischen, bis sich diese Pferde auch in Richtung Vierschlag (Kruppe bewegt sich nicht mehr soviel auf und ab) und Tölt locker verschieben lassen.

### Typ: Vierschlaggalopp

Als zweites läßt sich der gelaufene Galopp des Naturtölters herauskristallisieren, der sich leicht zum Trab verschie-

Wird das Pferd in eine Haltung gezwängt, kann es die Bewegung nicht mehr locker durchlassen. Seine völlig verspannte Rückenmuskulatur macht selbst den Galopp so unbequem, daß kein Reiter – auch wenn er noch so gut ist – locker aussitzen kann.

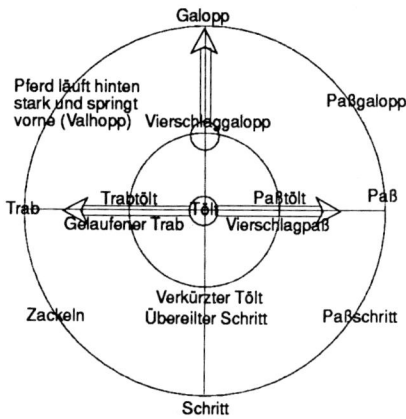

Gangart Galopp
Typ: Vierschlaggalopp

ben läßt. Diese Pferde vermitteln dem Reiter ein sehr angenehmes Sitzgefühl, weil sie beim Galoppieren mit der Kruppe nicht so hoch springen und weil die Schulter gut nach oben kommt. Durch Vorwärtsreiten und Tempowechsel im Gelände und in der Gruppe strecken sich diese Pferde immer mehr an die Reiterhand und gehen nach gründlicher Ausbildung mit gesetzter, tiefer Kruppe den gewünschten taktklareren Galopp.

*Typ: Paßgalopp\**
Schließlich kennt der Islandpferdereiter den Paßgalopp des Fünfgängers mit eher steifer, lateraler Bewegung. Diese Pferde

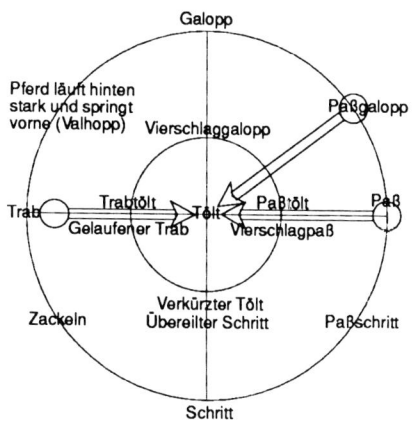

Gangart Galopp
Typ: Paßgalopp

lassen sich fast nur geradeaus galoppieren, sie geben dem Reiter ein starkes Vorwärts-abwärts-Gefühl. Sie galoppieren schlecht an und gehen fast vom ersten Sprung an im negativen Bewegungsablauf (Hinterhand hoch, Rücken steif, Schulter tief), der oft im Paß oder Kreuzgalopp\*\* endet.

Der Ausbilder muß diese Pferde in den anderen Gangarten festigen, muß dort gut auf den positiven Bewegungsablauf achten, ehe er mit der Galopparbeit beginnt (siehe auch Töltausbildung zum Paß steifer Pferde).

*Typ: Steifer Galopp mit Paßveranlagung*
Im Gegensatz zum Typ, der zum Paßgalopp neigt, sind diese Pferde in der Lage, relativ ruhig zu galoppieren. Sogar Wendungen sind im Galopp möglich. Allerdings können diese Typen im Galopp nur schwer ihre Haltung oder das Tempo ändern. Sie fallen bei einem plötzlichen Beschleunigen meist in den Kreuzgalopp oder, wenn der Reiter das Tempo verringert, oft sofort in den steifen Paß. Wenn diese Pferde im Tölt oder Trab gut gearbeitet werden und sich leicht in den Galopp verschieben lassen, wird dieser Gang quasi mittrainiert, ohne daß man mit ihnen speziell im Galopp arbeitet.

---

\* Der Paßgalopp ist ein Vierschlaggalopp, bei dem das diagonale Beinpaar nacheinander fußt - und zwar zuerst die Vorhand und dann die Hinterhand. Im Paßgalopp befindet sich das Pferd im negativen Bewegungsablauf.

\*\* Im Kreuzgalopp fußt das Pferd mit der Vorhand, als würde es Linksgalopp gehen, und mit der Hinterhand, als ginge es Rechtsgalopp - oder umgekehrt. Im Kreuzgalopp befindet sich das Pferd im negativen Bewegungsablauf.

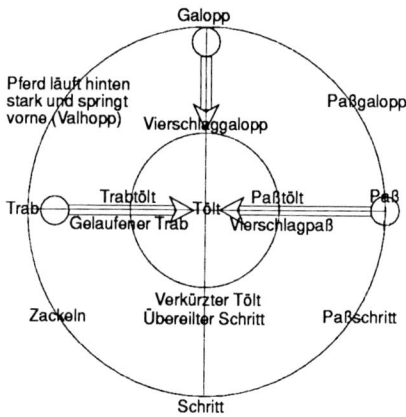

Gangart Galopp
Typ: Steifer Galopp mit Paßveranlagung

# Der Rennpaß

### Fußfolge, Sitz und Tempo

Paß ist ein Zweitakt mit vier Phasen. Das Pferd bewegt sich lateral: hinten links und vorne links und nach einer Schwebephase hinten rechts und vorne rechts. Paß wird nur auf geraden, ebenen Strecken und nur im Renntempo geritten, weil das Pferd dabei in jedem anderen Tempo in den negativen Bewegungsablauf – Hinterhand hoch, Rücken steif, Schulter tief – kommt. Rennpaß hingegen ist, analog zu allen Renngangarten, ein Viertakt. Die Hinterbeine fußen in der Lateralen kurz vor den Vorderbeinen auf, so daß Rennpaß strenggenommen ein Viertakt mit acht Phasen ist. Das hohe Tempo erfordert einen ausreichenden Schutz der Pferdebeine. Der Rennpaßreiter nutzt den Vollsitz und den Entlastungssitz.

Bevor die Pferde im Rennpaß geritten werden, sollten sie in den anderen Gängen sehr gut ausgebildet sein, das heißt, der Reiter muß sie in diesen Gängen im positiven Bewegungsablauf (Hinterhand tief, Rücken gelöst, Schulter hoch) reiten können. Bevor sie im Rennpaß gearbeitet werden, sollten die Pferde außerdem genügend Kraft, eine gute Kondition und eine in sich gefestigte Psyche haben. Meist muß der Ausbilder zwei bis drei Jahre solider Grundarbeit investieren, ehe sein Pferd gute Rennpaßleistungen auf Dauer ohne körperlichen oder psychischen Schaden überstehen kann.

*Besonderheit Rennpaß*
Rennpaß ist besonders schwierig zu reiten, weil der Reiter im hohen Tempo sehr geschickt und sicher einwirken muß. Deshalb wollen wir dieses Kapitel untergliedern in zwei gleichwertige Abschnitte. Im ersten werden Rennpaßpferde – zur besseren Planung und Bewertung ihrer Ausbildung – wieder in Typen unterteilt. Im zweiten Abschnitt soll das Tempo-Reiten im Paß genauer unter die

Rennpaß ist besonders schwierig zu reiten, weil der Reiter im hohen Tempo sehr geschickt und sicher einwirken muß. Gute Rennpaßpferde brauchen außerdem viel Kondition und eine gefestigte Psyche. Meist sind sie „Persönlichkeiten", die in der „Szene" jeder kennt. Wie zum Beispiel *Fjölnir fra Kviabekk,* der auf der Europameisterschaft 1983 in Roderath unter Thomas Ragnarsson Sieger im Paßrennen (21,7 sec) und Zweiter im Fünfgang wurde, oder *Sigurbodi fra Reykjum,* unter Karlheinz Keßler Dritter im Fünfgang auf der Europameisterschaft in Skiveren 1977 (unten).

Lupe genommen werden. Die Tatsache, daß sich zum Beispiel ein eigentlich steifes Pferd während eines Rennens lösen kann und dann pariert werden muß wie ein lockeres Pferd, zwingt zu dieser Untergliederung.

### Die Rennpaßtypen
*Typ mit viel Vierschlag*
Es gibt, analog zum Naturtölter, Pferde, die mit sehr viel Viertakt Paß gehen und Mühe haben, sich zu strecken. Werden solche Pferde am Beginn der Rennpaßausbildung mit zuviel Tempo geritten und macht der Reiter zuviel Druck, kommt die Schulter der Pferde zu hoch. Sie gehen mit viel Aufrichtung und Ak-

Die sogenannten Vierschlagpasser sind Pferde, die mit sehr viel Aufrichtung und Aktion nahe am Vierschlag Rennpaß gehen.

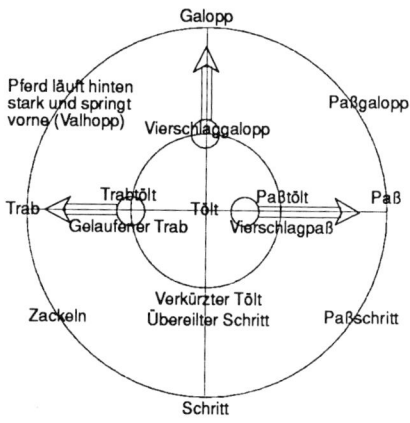

Gangart Rennpaß
Typ: Mit viel Viertakt

Der Passer-Typ, der eher lang und gestreckt geht und der wie *Byr* mit Nadine Beutler ganz schön Gas geben kann. Wie weit man kommt, wenn Reiter und Pferd sich verstehen, haben diese beiden immer wieder gezeigt, z.B., als sie 1991 den Deutschen Meistertitel im Fünfgang holten.

tion Renntölt. In der Ausbildung muß man solchen Pferden viel Zeit lassen, sie aus dem ruhigen Tempo legen, dabei wenig Druck machen. Der Reiter kann sie sogar ab und an aus dem Renntölt in den Rennpaß strecken lassen und tendiert eher zum Entlastungssitz, weil diese Pferde im Rücken ruhig ein wenig nach oben kommen dürfen. Pferde dieses Typs sollten über längere Strecken im Rennpaß geritten werden, wobei sie allmählich immer schneller werden dür-

fen. Der Reiter sollte eine flache Strecke mit festem Boden auswählen, die eben endet oder insgesamt leicht bergab geht (auf keinen Fall aber bergauf).

### Passertyp, der eher lang und gestreckt geht

Diese Pferde werden am besten aus dem schnelleren Galopp mit viel Druck in den Rennpaß gelegt. Im Prinzip steigert der Reiter sie im Galopptempo bis zur Rennpaßgeschwindigkeit. Sie galoppieren nämlich in der Regel so schlecht, daß sie froh sind, wenn der Galopp zu Ende ist. Hört das energische Treiben im Galopp auf, gehen sie deshalb fast von selbst Paß, allerdings mit der Ten-

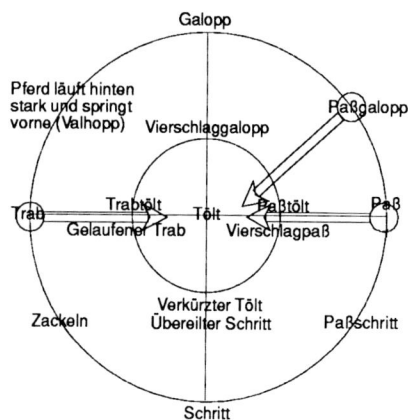

Gangart Rennpaß
Typ: Passer, der eher lang und gestreckt geht

denz, relativ schnell in den negativen Bewegungsablauf zu kippen und zu tribulieren. Deshalb dürfen diese Pferde anfangs nicht zu lange Strecken im Paß geritten werden – und wenn er Paß reitet, sollte der Ausbilder das Tempo möglichst stetig steigern, daß sein Pferd nicht zu tief kommt. Er kann eher mal provozieren, daß es wegen hohen Drucks zum Springen oder zum Viertakt kommt. Diese Pferde sollten immer mit viel Druck zurückgenommen und deshalb auch fast nur im Vollsitz geritten werden, um ein Vorne-tief-Kommen oder Tribulieren zu vermeiden.

*Der steife Typ*
Schließlich gibt es die steifen Fünfgänger, die in allen anderen Gängen sehr gut ausgebildet sein müssen, bevor man sie im Rennpaß reitet. Sie lassen sich am besten aus eher ruhigem Galopp mit viel

Druck in den Rennpaß legen und mit viel Druck im Tempo steigern. Auch bei diesen Pferden ist es der kleinere Fehler, wenn sie aufgrund zu großen Drucks nach »oben« (positiver Bewegungsablauf) rausspringen, als wenn sie zum Zweitakt kommen und tribulieren (negativer Bewegungsablauf), denn ein Nach-»Oben«-Rausspringen ist viel leichter zu korrigieren, indem der Reiter den Druck besser dosiert.

In der Ausbildung legt der Reiter diese Pferde mit viel Druck. Wenn sie im Paß springen und dabei zu hoch und zu eng werden, sollte er sie im Galopp immer wieder leicht strecken und zum Paß kommen lassen. Geduldig wird dieses Spiel so lange wiederholt, bis ein ordentliches Tempo im Paß möglich ist, aus dem der Reiter sein Pferd mühelos langsamer werden lassen und wieder steigern kann, ohne daß es in den negativen Bewegungsablauf kommt. Erst wenn dies sicher beherrscht wird, sollte der Reiter das Tempo im Rennpaß steigern oder auf gleichmäßig hohem Niveau halten.

Diese Pferde brauchen sehr viel Zeit, bis sie richtig schnell sind. Hat der Reiter Probleme, daß diese Rennpasser häufig wechseln oder nicht zum leichten Vierschlag zu bringen sind, ist die Lösungsphase nicht geglückt – oder die Aufbauarbeit in den anderen Gängen noch nicht genügend ausgereift.

Auch beim Zurücknehmen ist es wichtig, daß sie sich mit viel Druck setzen lassen und sich nicht steif machen.

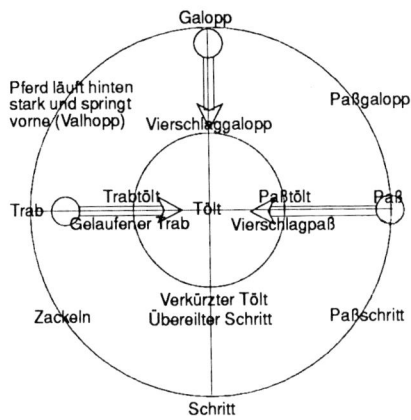

Gangart Rennpaß
Typ: Der steife Typ

Diese Pferde kommen sehr schnell zum negativen Bewegungsablauf, wenn sie abrupt und mit zu harter Hand nach oben gezwungen werden. Sie können sich im Rennpaß aber auch völlig gelöst haben und am Ende des Rennens aus dem positiven Bewegungsablauf spielerisch zurückgenommen werden. Der Reiter sollte Strecken wählen, die leicht bergauf gehen. Der Boden darf eher weich sein und sogar leichte Unebenheiten haben, weil das die Pferde zur Aufmerksamkeit zwingt. Günstig sind Strecken, auf denen sich das Pferd treiben läßt, also auf keinen Fall eine abschüssige Strecke »brettern«, die auch noch nach Hause führt.

### Wenn die Lust am Laufen fehlt

Schließlich gibt es noch Rennpasser, die nicht vorwärts gehen, weil sie das Rennen nicht gelernt haben. Diese Pferde

sollten oft in der Gruppe und auf einer geeigneten Strecke nach Hause Paß geritten werden. Außerdem sollte der Ausbilder bei diesen Pferden die Lust am Laufen aufbauen, sie oft als Handpferd mitnehmen und auf den Strecken, auf denen es später Paß gehen soll, das Pferd galoppieren, so schnell es kann. Lustlose Pferde sollten eher selten im Rennpaß geritten werden, und bei der Arbeit in den anderen Gängen sollte der Ausbilder ein eher flottes Tempo bevorzugen.

Prinzipiell sei den Ausbildern noch ins Stammbuch geschrieben: Wenn die anderen Gänge durch das Ausbilden des Rennpasses leiden, dann ist das Pferd entweder nicht genügend vorbereitet worden oder das Rennpaßtraining ist falsch.

### Das Temporeiten im Paß

Rennpaßreiten läßt sich unterteilen in drei Phasen: das Legen, das Paß-Reiten, das Zurücknehmen. Entsprechend soll die Beschreibung der Rennsituation gegliedert sein.

### Hilfen zum Rennpaß - das Legen

Aus der gestreckten Form des Galopps kann der Rennpasser am besten in die Form gebracht werden, in der er zum »Liegen« (= Paßgehen) kommt. In allen Wettbewerben gibt es deshalb nur dann eine hohe Stilnote für den Rennpaß, wenn dieser aus dem Galopp entwickelt wurde. Streng genommen ist auch dieses

Legen – der Übergang vom Galopp zum Rennpaß also – eine Form der halben Parade, weil der Reiter das Pferd aus dem Galopp gegen die Hand treibt (oder den Schwung des Galopps nutzt) und es im nächsten Moment wieder sich strecken läßt. Je nachdem, wie fein das Pferd reagiert, muß der Reiter mit dieser Hilfe mehrere Male kommen.

*Fehler beim Legen*
Das Pferd befindet sich zwar im positiven Bewegungsablauf, wird aber beim Legeversuch im Galopp nur immer enger und langsamer. Solche Pferde springen manchmal fast auf der Stelle und kommen nicht zum Liegen. Der Reiter muß sie zur Korrektur wieder vorwärts galoppieren und in die Streckung bringen. Beim nächsten Legen weniger stark

treiben und deutlich rauslassen. Wegkommen von der Hand und eher auf einmal – das heißt kurz und energisch – legen.

Das Pferd befindet sich im Paßgalopp – negativer Bewegungsablauf. Es läßt sich zwar mit der Hand gewaltsam legen, kommt dabei im Hals aber zu hoch, springt nach einigen Metern in den Kreuzgalopp ab oder wechselt auf die Hilfe zum Legen direkt in den Kreuzgalopp. Sehr geschickte Reiter können solche Pferde »retten«, indem sie in der Legephase die vom Paßgalopp tiefe Schulter durch gefühlvolles Vorwärtsreiten in

Das Legen in den Paß ist am besten aus der gestreckten Form des Galopps möglich. Streng genommen ist der Übergang eine Form der halben Parade, weil der Reiter das Pferd aus dem Galopp gegen die Hand treibt und es im nächsten Moment wieder in den Paß strecken läßt.

1.

2.

den Paß nach oben holen. Dieses »Retten« ist aber nur in Prüfungen zu empfehlen, weil das Liegen oder Nicht-Liegen damit zum Pokerspiel wird. Die sichere Korrektur für die Ausbildung: Aus dem Paßgalopp erneut vorwärtsgaloppieren, bis das Pferd im positiven Bewegungsablauf galoppiert. Beim erneuten Legen dann vermehrt treiben und mit der Hand so vorsichtig einwirken, daß das Pferd im Hals nicht nach oben kommt.

Ein Legen aus dem Kreuzgalopp direkt in den Paß ist schon von der Fußfolge her unmöglich. Sehr erfahrene Rennpaßreiter können durch eine starke halbe Parade oder durch ein Zick-Zack-Reiten vor dem Legen das Pferd zum Tribulieren veranlassen, dann normal legen und weiterreiten.

Manche Pferde sind im Kreuzgalopp so fest und steif, daß sie bis zum Stand pariert werden müssen, um zu tribulieren. Anderen gelingt das fließend, so daß einige Reiter es im Eifer des Gefechts gar nicht spüren. Die meisten Rennpasser geraten durch Kreuzgalopp aber dermaßen in Panik, daß sie sich, sobald die Hand zur Parade kommt, auf den Zügel knallen und durchgehen. Deshalb ist es abzulehnen, die Pferde im Training aus dem Kreuzgalopp zu legen. Je seltener der Reiter sein Pferd mit der heftigen Zügeleinwirkung zum Liegen zu zwingen versucht, je gelassener es also auch im Kreuzgalopp bleiben kann (weil es in der Regel ruhig pariert und erneut richtig angaloppiert wird), desto wahrscheinlicher ist es, daß der Reiter sein Pferd im Rennen auch mal »retten« kann. Muß

3.    4.

der Reiter sein Pferd im Rennen zum Tribulieren bringen, darf er danach auf keinen Fall viel Druck machen.

Geht ein Pferd häufig Kreuzgalopp, so ist das ein Indiz dafür, daß es im Körper noch zu gespannt ist, um anzugaloppieren. Je lockerer ein Pferd von Natur aus im Galopp ist, je besser es in diesem Gang ausgebildet ist, desto geringer ist die Gefahr, daß es im Kreuzgalopp anspringt. Lockere, sehr gut ausgebildete Pferde wechseln häufig bereits wenige Meter nach dem Anspringen im Kreuzgalopp von selbst in den richtigen Galopp.

**Hilfen im Paß**

Im Rennpaß muß der Reiter immer darauf achten, daß sein Pferd sich im positi-

Im Rennpaß muß der Reiter daher darauf achten, daß sein Pferd sich immer im positiven Bewegungsablauf befindet. Von der Tendenz sollte das Pferd immer bergauf (im Körper) und am Viertakt Paß gehen.

ven Bewegungsablauf befindet. Von der Tendenz her sollte ein Pferd immer im Körper bergauf leicht am Vierschlag Rennpaß gehen.

*Fehler im Paß*

Hat das Pferd zuviel Viertakt im Paß, kommt es in seiner Aufrichtung zu hoch und neigt zum Springen oder Renntölten, muß der Reiter es vermehrt in die Streckung bringen. Solche Pferde sollten mit viel Ruhe geritten werden, der Reiter darf nicht plötzlich Tempo machen und muß dem Pferd über eine längere

Strecke Gelegenheit geben, gedehnt schnell zu werden.

Kommt das Pferd hingegen im Rennpaß zuviel in die Streckung, wird es in der Hinterhand zu hoch und in der Schulter tief (negativer Bewegungsablauf) und wechselt nach wenigen Metern. Der Reiter muß sein Pferd dann so gut ausbilden, daß es auch im Rennpaß die halben Paraden noch annimmt und sich, ehe es in den negativen Bewegungsablauf kommt, aufnehmen und zusammenschieben läßt. Plötzliches, hartes Parieren ist »Gift« für diesen Pferdetyp. Auch solche Pferde lassen sich noch »retten«, wenn es im Rennen um alles geht. Der Reiter muß dann mit allem Druck vorwärtsreiten und hoffen, daß sein Pferd diesem Überfall gewachsen ist. Diese Notlösung sollte aber nur im Ausnahmefall angewandt werden, weil viele Pferde dabei doch »abspringen« und sie die häufige schlechte Erfahrung zu extrem unsicheren Kandidaten für ein Rennen macht.

**Zurücknehmen aus dem Paß**

Der Reiter sollte den Paß niemals im Galopp und schon gar nicht im Kreuzgalopp enden lassen. Er sollte das Pferd nach der Rennstrecke vielmehr mit halben Paraden aus dem Rennpaß aufnehmen und sich dabei soviel Zeit wie möglich lassen – vor allem in der Ausbildung des jungen Pferdes.

*Fehler beim Zurücknehmen*

Tendiert sein Pferd beim Zurücknehmen zum Springen (positiver Bewegungsablauf), muß der Reiter es mit sowenig Druck wie möglich zurücknehmen und dabei auf eine gestreckte Haltung achten. Wird sein Pferd eher vorne tief und kommt zum Zweitakt (negativer Bewegungsablauf), muß er es während des Zurücknehmens allmählich auf die Hinterhand setzen, ohne es durch eine zu starke Aufrichtung (Einwirkung nur mit der Hand) in den negativen Bewegungsablauf kommen zu lassen und ein Tribulieren zu riskieren.

# *Turnierreiten*

Turnierreiten ist ein Thema, dem man im Rahmen eines solchen Buches im Grunde gar nicht gerecht werden kann. Trotzdem möchten wir es nicht ganz ausklammern und wenigstens Grundlegendes beschreiben.

## Sinn der Wettbewerbe

Wettbewerbe sind eine gute Gelegenheit, den eigenen Ausbildungsstand, den Ausbildungsstand des Pferdes sowie die Leistungen des Reiter-Pferd-Paares zu überprüfen. Mit der Note, mit Nachfragen bei den Richtern oder aus Richterprotokollen erhält der Reiter eine Bewertung seiner Leistung und im günstigen Fall auch Tips zum Weiterarbeiten.

Auf dem Turnier kann der Reiter aber auch in fremder Umgebung zeigen, wie

Wettbewerbe sind eine gute Gelegenheit, den eigenen Ausbildungsstand sowie den Ausbildungsstand des Pferdes zu überprüfen. Das Wichtigste bei der Vorstellung sollte die Harmonie zwischen Reiter und Pferd sein.

gut er sich mit seinem Pferd versteht. Er kann mit Gleichgesinnten Erfahrungen austauschen, Geselligkeit erleben und sich mit anderen messen. Denn letztlich nimmt er am Wettkampf teil, um zu gewinnen oder zumindest vorne mit dabeizusein.

## Leistung realistisch einschätzen

Deshalb ist es wichtig und erspart Enttäuschungen, wenn der Reiter gelernt hat, seine und die Leistung seines Pferdes realistisch einzuschätzen. Reitlehrer, Richter oder andere Turnierreiter können ihm bei dieser Einschätzung behilflich sein. Der Reiter muß außerdem damit rechnen, daß das Pferd auf dem Turnier nicht so gut geht wie zu Hause, und das bei der Auswahl der Prüfungen berücksichtigen. Allgemeiner Grundsatz: Lieber zu leichte als zu schwere Prüfungen auswählen und lieber weniger als zu viele. Doch nicht nur Hoffnungen können enttäuscht werden, wenn der Reiter sich in der Wahl der Prüfung überschätzt hat. Im schlimmsten Fall bekommt sogar die Ausbildung einen tüchtigen Dämpfer, zum Beispiel wenn der nervöse Fünfgänger auf dem Abreiteplatz nicht mehr trabt, der Reiter aufgeregt reagiert und zu Mitteln greift, die sein Pferd nicht versteht. Das sensible Pferd verliert das Vertrauen und trabt auch zu Hause im Training nicht mehr.

Auf dem Turnier – das für das Tier ebenso eine Extremsituation ist wie für den Menschen – braucht das Pferd eine gute Bezugsperson. Diese muß Zeit haben, sich intensiv um das Tier zu kümmern. Im Idealfall ist das der Reiter selbst. Er sollte die optimale Unterbringung für sein Pferd heraussuchen und es am Turnier eher mal ein bißchen mehr füttern (allerdings nicht vollstopfen) und verwöhnen. Denn zufriedene Pferde können konzentrierter mitarbeiten als solche, die sich nicht wohlfühlen.

## Das Abreiten

Beim Abreiten, möglichst aber sogar schon am Tag vor dem ersten Start, sollte der Reiter seinem Pferd die Bahn zeigen, auf der die Prüfung stattfindet. Am Wettkampftag ist es wichtig, die Zeit zum Abreiten gut zu planen (Starterlisten und Zeitplan besorgen). Auf dem Turniergelände sollte der Reiter den für sein Pferd bestmöglichen Ort zum Abreiten aussuchen. Zum Beispiel: Einen eher toplastigen Fünfgänger reitet man nicht im Dressurviereck ab, wo er immer mehr auf die Vorhand kommt. Der Reiter muß ganz genau wissen, welches Geläuf, welche Situationen und welche Umgebung sein Pferd zum Lösen braucht (siehe auch Gangarten), denn oft muß auf dem Turnierplatz auch der kleinste Vorteil genutzt werden, weil geeignete Abreitmöglichkeiten rar sind.

Auf dem Abreiteplatz übt der Reiter keine Lektionen, die über das Prüfungsniveau hinausgehen. Denn falls das Schwierige dann nicht klappt, bringt er sich und sein Pferd aus dem Konzept und verzettelt sich vielleicht. Der Abreiteplatz darf auch nicht genutzt werden, um dem Pferd noch schnell etwas beizubringen, was man zu Hause vergessen hat. Außerdem muß der Reiter darauf achten, nicht zu lange abzureiten. Diese Gefahr besteht vor allem dann, wenn eine Übung auf dem Abreiteplatz nicht klappt. Das Wichtigste während des Wettbewerbs sollte die Harmonie zwischen Reiter und Pferd sein und nicht die gequälte Erfüllung der Lektion.

## Nach der Prüfung

Nach der Prüfung sollte der Reiter sich Zeit nehmen, sein Pferd zu versorgen. Hat die Leistung nicht seinen Erwartungen entsprochen: Erst einmal zur Ruhe kommen, auf keinen Fall aus Enttäuschung auf den Abreiteplatz gehen und dort weiterüben oder das Pferd strafen. Den Glauben ans Pferd nicht verlieren, denn das Turnier ist nur ein Baustein auf einem langen Ausbildungsweg. Erfahrungen sammeln und die Wettkampfsituation üben können Reiter und Pferd eben nur auf Turnieren oder ähnlichen Veranstaltungen – und da kann schließlich auch mal was schiefgehen.

# Die Ausrüstung des Pferdes

## Der Sattel

Grundsätzlich sollte ein Sattel so konstruiert sein, daß sein tiefster Punkt genau in der Mitte der Sitzfläche liegt. Die Mitte des Sattels sollte immer über dem Schwerpunkt des Pferdes liegen, weil dies die Grundlage ist für das gemeinsame Gleichgewicht von Reiter und Pferd.

## Anforderungen an den Sattel

Weitere Grundanforderung an den Sattel ist, daß er so auf dem Pferd liegt, daß dieses nirgends Druckstellen bekommt. Je mehr Gewicht in den Sattel kommt, desto größer sollte seine Auflagefläche

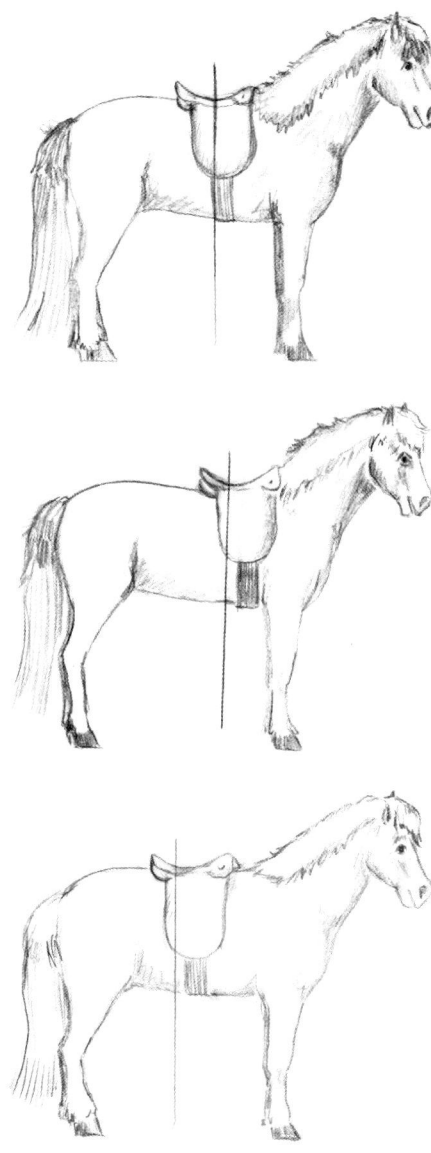

Oben: Sattel liegt im Schwerpunkt
Mitte: zu weit vorne
Unten: zu weit hinten

auf dem Rücken sein – Wanderreitsättel haben deshalb verlängerte Trachten, weil damit das Gewicht von Reiter und Packtaschen auf eine größere Rückenfläche verteilt wird. Probleme gibt es mit solchen Sätteln nur, wenn die Pferde einen kurzen Rücken haben. Dann liegen die verlängerten Trachten nämlich hinten auf der Nierenpartie auf und behindern das Pferd zum Beispiel in Wendungen. Beim reinen Sportreiten kann auf verlängerte Trachten ganz verzichtet werden.

Bei der Auswahl sollte der Reiter darauf achten, daß sein Sattel in der Sitzfläche eher schmal ist. Breite Sättel ziehen ihm nämlich bereits an der Hüfte die Beine so weit auseinander, daß vor allem bei schmalen Pferden keine Chance besteht, den Schenkel anzulegen.

Weil in der Islandpferdereiterei mit eher gestrecktem Bein und langem Bügel geritten wird, sollte das Sattelblatt nicht zu weit nach vorne geschnitten sein, sondern eher senkrecht. Günstig ist außerdem ein langes Blatt, weil viele Reiter sonst die obere Kante des Stiefelschaftes ständig unter den unteren Rand des Sattelblattes verklemmen, was sehr unangenehm ist.

Mit der Kammerhöhe des Sattels gibt es bei Islandpferden selten Schwierigkeiten, weil der Widerrist meist wenig ausgeprägt ist. Die im allgemeinen geringe Widerristhöhe sorgt dafür, daß der Sattel auf Islandpferden selten nach hinten rutscht. Allerdings macht der oft verschwommene Widerrist Probleme, wenn es um die Kammerweite geht. Ist der Sattel an dieser Stelle zu eng, kommt er vorne nicht tief genug und kann auch mit gutem Nachgurten nicht ausreichend befestigt werden. Er rutscht nach vorne. Das gleiche kann passieren, wenn der Reiter die Kammer zu weit gewählt hat. Der Sattel findet keinen Halt. Viele Sattelmodelle haben eine nach vorne verlagerte Gurtstrupfe, damit sie besser fixiert werden können.

Wenn das nicht ausreicht, kann der Schweiffriemen dem Gelände- und Freizeitreiter gute Dienste leisten. Er ist unproblematisch zu handhaben und erfüllt in der Regel seinen Zweck. Allerdings stört er bis zu einem gewissen Grad die Beweglichkeit eines empfindlichen Pferdes. Deshalb wurde für die Sportreiterei ein zusätzlicher Vorgurt entwickelt, der den Sattel auf dem Rücken des Pferdes fixieren hilft.

*Problem: ungeeignete Sättel*
Will ein Reiter richtig an der Bewegung sitzen, sein Gewicht mit dem Schwerpunkt des Pferdes in Einklang bringen und Kreuzhilfen geben, wird er mit manchem speziell entwickelten Islandpferdesattel große Probleme bekommen. Weil die Reiter im Paßtölt oder auf verspannten Pferden nur dann von der Bewegung wegkamen, wenn sie sich in die Bügel stemmten und immer weiter von der Bewegung wegsaßen, wurden Sättel gebaut, deren tiefste Stelle im hinteren

Drittel der Sitzfläche liegt. Der Schwerpunkt kommt damit automatisch weiter zurück. Der Reiter streckt das Bein nach vorne und hält sich mit den Oberschenkeln fest (das vermittelt ein relativ sicheres Gefühl). Das Gesäß kann nicht schwingen, die Hüfte kippt nach hinten, der Rücken rundet sich. Bei manchen Sattelmodellen wurden dafür speziell sogenannte »Oberschenkelbremsen« entwickelt. Einige Sattelbauer versuchten, dem durch die laterale Bewegung schlenkernden Bein Halt zu geben, indem sie spezielle Hinterpauschen auf dem Sattelunterblatt anbrachten. Oft haben diese Sättel außerdem keinen festen Halt auf dem Pferderücken, da das Reitergewicht im hinteren Drittel der Sitzfläche die Kammer des Sattels vom Widerrist abhebt und diesen dann nach vorne rutschen läßt.

*Das Zurücksatteln*
Islandpferde werden in der Regel weiter hinten gesattelt als andere Rassen, weil sie einen anderen Schwerpunkt haben. Extremes Zurücksatteln hinter den Schwerpunkt des Pferdes, wie es manche Reiter praktizieren im Glauben, damit die Hinterhand tief zu drücken, ist abzulehnen. Die Hinterhand wird nämlich nicht tiefer gebeugt, wenn der Reiter den Druck auf die Nierenpartie des Pferdes erhöht, sondern nur wenn sie gymnastiziert wird. Stauchen und Zwang machen die Hinterhand steif und zerstören den natürlichen Fluß durch den Körper - die

Schulter des Pferdes bleibt tief, es ist von der Versammlung weit entfernt. Hinzu kommt, daß extremes Zurücksatteln dem Pferd die Biegung erschwert, weil im hinteren Teil des Rückens die Wirbel immer unbeweglicher werden und am Ende sogar zusammengewachsen sind. Außerdem fügt der Reiter seinem Pferd Schmerzen zu, weil das hintere Ende der Sattelauflage oder beim Trachtensattel die Trachten dem Pferd in die Nieren drücken.

# Thema Gebiß

Über Gebisse gibt es die unterschiedlichsten Meinungen. Die Form, das Material, die Größe – all das ist für viele Reiter zu einem der wichtigsten Themen geworden. Unsere Ansicht: Im Prinzip ist das Thema Gebiß eine Glaubensfrage. Wir sind der Überzeugung, daß eine normale, einmal gebrochene Wassertrense grundsätzlich für die Ausbildung ausreicht. Auf alle Fälle kann mit diesem Gebiß (das etwa 12 Zentimeter breit und 20 Millimeter dick sein sollte) die ganze Grundarbeit gemacht werden.

Der Reiter und Ausbilder sollte das Gebiß verwenden, mit dem sein Pferd seiner Ansicht nach am besten zurecht kommt. Allerdings muß es dem Ausbilder immer viel wichtiger sein, Fehler in der Einwirkung oder beim Durcharbeiten seines Pferdes abzustellen, als das Gebiß zu wechseln, denn die Wirkung eines neuen Gebisses schwindet nach einer kurzen Phase der Gewöhnung wieder, wenn nicht in dieser Zeit auch die übrige Ausbildung des Pferdes umgestellt und eventuelle Fehler korrigiert werden.

## Die isländische Kandare

Die isländische Kandare ist ein einmal gebrochenes Hebelgebiß, mit dem sich fein und sauber durchgearbeitete Pferde vor allem auf langen, geraden Strecken sehr schön reiten lassen. Durch unterschiedliches Einstellen der Kinnkette läßt sich die isländische Kandare auf zwei Arten nutzen. Ist die Kinnkette locker oder gar nicht eingehängt, wirkt das Gebiß wie eine normale Wassertrense. Der Reiter sollte dann mit gleichmäßigem Zügelkontakt reiten. Ist die Kinnkette angezogen, wirkt die isländische Kandare als Hebel mit Übersetzung und eignet sich am besten für ein »Impulsreiten«, das heißt, zum Beispiel beim Legen in den Rennpaß kommt der Reiter ganz

kurz mit der Hand (eine Art »anschla-
gende« Zügelhilfe) und läßt das Pferd
sich sofort wieder strecken. Der häufigste Fehler beim Reiten mit der isländischen Kandare: Wenn beim Lösen des
Pferdes die natürliche Schiefe nicht sorgfältig genug abgestellt worden ist, machen sich die Pferde auf einer Seite fest.
Das läßt sich ganz deutlich am einseitig
stark angezogenen Kandarenhebel erkennen. Der andere Hebel hängt dann
fast völlig durch, der Reiter hat auf dieser Seite wenig oder gar keinen Zügelkontakt. Korrektur: Die Kinnkette ganz
locker schnallen oder herausnehmen
(oder noch besser: ein Trensengebiß verwenden) und die natürliche Schiefe ab-
stellen.

Der häufigste Fehler beim Reiten mit isländischer Kandare:
Wenn beim Lösen des Pferdes die natürliche Schiefe nicht
sorgfältig genug abgestellt worden ist, machen sich die
Pferde auf einer Seite fest. Das läßt sich deutlich am einseitig stark angezogenen Kandarenhebel sehen.

## Schützendes Zubehör

Für Paßrennen oder wenn er im Tölt
schnelles Tempo fordern möchte, sollte
der Reiter die Beine seines Pferdes besonders schützen.

Im Paß oder im Tölt kommt es häufig
zu Verletzungen im Ballenbereich, wenn
in der Wendung das diagonale Hinterbein in das noch in der Einbeinstütze
befindliche Vorderbein »rennt«, weil das
Pferd verspannt in die Ecke gehetzt wird
und der Bewegungsablauf nicht locker
und harmonisch ist. Verletzungen, die

sich das Pferd dabei zufügen kann, sind
eine Folge von Verspannung und Überforderung. Entweder hat der Reiter einen ungünstigen Untergrund ausgewählt
und das Pferd muß sich fest machen, um
dem Geläuf gewachsen zu sein, oder das
Pferd ist in der Ausbildung noch nicht
weit genug, um das geforderte Tempo
gelöst gehen zu können.

Dennoch ist ein vorbeugender Schutz
der Beine wichtig, auch weil die Pferde
das Vertrauen verlieren, wenn sie sich

Die isländische Kandare ist ein einmal gebrochenes Hebelgebiß, mit dem sich fein und sauber durchgearbeitete Pferde vor allem auf langen, geraden Strecken sehr schön reiten lassen.

einmal richtig weh getan haben. Oft wagen sie dann mit den Hinterbeinen nicht mehr richtig zuzutreten und retten sich über einen längeren Zeitraum mit einem Nachspringen der Hinterhand über die Runden.

Wenn die Pferde dazu neigen, sich im Röhrbein- oder Griffelbeinbereich und am Fesselkopf zu verletzen, bieten Streifgamaschen den besten Schutz. Der Ballen läßt sich am besten mit Hufglokken schützen. Als Eisenschoner (wenn sich das Pferd auf den hinteren Innenschenkel des Vorderhufeisens tritt) sind Ballen- oder Quarterboots zu empfehlen, weil sie den greifenden Hinterhuf quasi über das Vordereisen abrutschen lassen.

# Register

## A

Abreiten   109f.
Abreiteplatz   110
Am Zügel   71f.
annehmen   27, 29
Anreiten   35
Aufsitzen   49
Ausbinder   47
Ausreiten   51f.
Ausrüstung   110ff.
Austraben   91

## B

Bewegungsablauf, negativer   60ff.
Bewegungsablauf, positiver   63ff.
Bodenarbeit   42f.

## D

Drehsitz   22f.
Dreitaktgalopp   94
durchhalten   29
Durchlässigkeit   32

## E

Einreiten   49ff.
eintölten   88

## Einwirkungen   18ff.
Entlastungssitz   50
Equilonge   46

## F

Freilaufen   48
Führen   42
Führkette   46

## G

Galopp   93ff.
Galopprolle   82, 89
Gangarten   65ff.
Gangpferdeausbildung   76
Gangverteilung   60
Gangwechsel   84
Ganze Parade   32f.
Gebisse   113
Gebrauchsreiterei   9
Gebrauchsschritt   77
Gebrauchstempo   76
geraderichten   57
Gerittene Tempi   91
gerittenes Tempo   76
Gewichtsmanipulation   12
Gewöhnungsphase   42

# H

Halbe Parade   30 ff.
Haltung des Pferdes   59 ff.
Haltungsfehler   29
Handpferdereiten   46
Hilfszügel   71
Hinterhandwendung   39, 55 f.
Hufglocken   116

# I

Innenstellung   58
Innenzirkel   44
isländische Kandare   113 f.

# K

Kammerhöhe   111
Kammerweite   112
Kinnkette   113
Konterstellung   58
Kreuzeinwirkung   24 ff., 67 f.
Kreuzgalopp   60, 97
Kurzkehrtwendung   55

# L

Legen   103 f.
Leichttraben   11, 78
Longieren   43 ff.
Losgelassenheit   18

# M

Manipulation   72 f.
Mittelschritt   77

# N

nachgeben   27, 29
Naturtölt   81
natürliche Schiefe   56 ff.

# P

Paßgalopp   97
Paßtölter   83
Pullerriemen   46

# R

Rennpaß   98 ff.
Rückwärtsrichten   34, 55

# S

Sattel   110
Schaukelgalopp   85
Schenkel   20 ff.
Schenkelweichen   37, 53
Schlaufzügel   46
Schritt   76 ff.
Schweifriemen   9, 112
Schweinepaß   91
Spiel mit dem Tempo   64

Spiel mit den Gangarten   70
Stallhalfter   46
Steifheit   86
Streifgamaschen   116

## T

Temperamentsprobleme   52
Tempounterschiede   33
Tölt   80ff.
Tölten lernen   86f.
Tölter, steifer   86
Trab   78ff.
Trab, gelaufener   78
Trabveranlagung   78
Trachten   111
Tragkraft der Hinterhand   60
tribulieren   88
Turniergelände   109
Turnierreiten   108ff.

## U

Unterhals   28f.
Unterhalsmuskulatur   61
Untertreten   72

## V

Valhopp   82
Versammlung   72
verwahren   29
Vierschlaggalopp   85, 94
Viertakt   59
Vollsitz   17, 77
Volte schwenken   54
Vorhandwendung   36, 52

## W

Wanderreitsättel   111
Wendungen   35ff., 52
Wettkampf   109

## Z

Zubehör   114ff.
Zulegen   92
Zurücksatteln   112
Zusammenwirken der Hilfen   30ff.
Zügel überstreichen   32
Zügeleinwirkung   26ff.

# DER RICHTIGE UMGANG MIT PFERDEN

Wolfgang Hölzel

### Der Reiter-Paß in Frage und Antwort

*Vorbereitung auf die praktischen und theoretischen Prüfungen.*
Der Autor erklärt das Reiten im Gelände, die Durchführung aller möglichen Aufgaben, das Zäumen, Satteln und Bandagieren.
Der theoretische Teil behandelt ausführlich alle auftretenden Fragen.
114 Seiten, 71 Abbildungen, kart.
ISBN 3-440-05342-3

Wolfgang Hölzel

### Das Reiterabzeichen

Dieses Buch gibt Antwort auf die Fragen der theoretischen Prüfung, erläutert die praktischen Aufgaben und verrät eine Fülle von Tips und Tricks.
127 Seiten, 141 Abbildungen, kart.
ISBN 3-440-05255-9

Petra und Wolfgang Hölzel

### Sicher reiten

Reiten gilt als gefährliche Sportart. Aber gegen dieses Risiko kann man etwas tun. Wichtig sind vor allem Kenntnisse der natürlichen Verhaltensweisen des Pferdes, sichere Ausrüstung, sorgfältige Ausbildung und umsichtiges Verhalten beim Reiten, richtiger Umgang mit dem Pferd im Stall, beim Putzen, Führen und Satteln.
112 Seiten, 71 Abbildungen, kart.
ISBN 3-440-06181-7

## Franckh-Kosmos · Stuttgart